Resiliencia

EN TIEMPOS TURBULENTOS

Estrategias para superar las crisis

SARAÍ SÁNCHEZ GONZÁLEZ

ISBN 979-8-218-42808-2

Estadísticas: páginas 160

Colaboradores:
Edición: Aida I Rojas Santos
Diseño de Portada: Carlos J Batista
Expresiones:
      Doris Rivera (Grace)
      Edgardo Erazo y Darlene Santiago
      Maribel Vargas

Las citas y referencias bíblicas expresas en este libro son de la Santa Biblia:
Dios Habla Hoy (DHH)
Nueva Traducción Viviente (NTV)
Nueva Versión Internacional (NVI)
Reina-Valera 1960 (RVR1960)
Traducción en lenguaje actual (TLA)

Un buen regalo en la vida es poder mirar a nuestro alrededor y saber que no estamos solos.
¡Gracias por estar!
Espero que las experiencias relatadas en este libro sean para ti, de gran bendición. "Sabemos que a los que aman a Dios todas las cosas les ayudan a bien". Romanos 8:28

¡Bendiciones!

Fe CREE Y ESPERA

ES *Confiar en Dios*

Bendito el varón que confía en Jehová, y cuya confianza es Jehová. Jeremías 17:7

La fe no elimina tu problema, pero mantiene tu esperanza durante la crisis. Dios obrará en su perfecta voluntad, haciendo lo que es mejor para ti, aunque esto no sea lo que tú esperas.

Pero sin fe es imposible agradar a Dios; porque es necesario que el que se acerca a Dios crea que le hay, y que es galardonador de los que le buscan.
Hebreos 11:6

Cuando primero lo crees, entonces lo esperas; y si lo esperas, confías; y si confías, te entregas; y si te entregas, vives conforme a su voluntad.

Si vivimos por el Espíritu, andemos también por el Espíritu. Gálatas 5:25

Tabla de Contenido

ÍNDICE

AGRADECIMIENTO Y DEDICATORIA......... 9

PRÓLOGO 13

INTRODUCCIÓN 17

PARTE I................................... 21

MI VIDA 21

¿Quién soy?........................... 23

Mi Testimonio......................... 31

¿Dónde estaba Dios? 67

¿Por qué? 77

PARTE II 85

CRISIS Y PROPÓSITO 85

Crisis 86

Propósito............................. 96

PARTE III 103

ESTRATEGIAS 103

Sin crisis, no hay vida 104

Algunas crisis que podemos enfrentar

.... 107

Síntomas que podemos experimentar

.... 108

Que impacto podría tener la crisis en tu

entorno 109

Testimonios Reales, de mi entorno .. 112

¿Qué hacer cuando llega la crisis? ... 119

Tipos de crisis y que hacer para

superarlas 123

Vida, después de la Crisis 131

CONCLUSIÓN 135

EXPLICACIÓN DE PORTADA 141

UN DISCIPULADO 142

GRATITUD
infinita

Agradecimiento y Dedicatoria

Primeramente, le agradezco al Señor nuestro Dios Todopoderoso, quién es y quién será. Solo a él doy toda la gloria y toda la honra. A mi Dios-Rafa "el Señor que sana", pues me ha provisto la sanidad para la enfermedad espiritual, física y emocional. Gracias Señor porque pude decir como el profeta Jeremías: "Sáname, Señor yo fui sanada". Hoy puedo decir como el salmista: Dios mío, tú has sido bueno conmigo; ya puedo dormir tranquila. Me libraste de la muerte, me secaste las lágrimas y no me dejaste caer. Mientras tenga yo vida, siempre te obedeceré.

Agradezco a todas las personas que me han acompañado durante todo el proceso de mi crisis, unos de forma presente y otros en la cadena de oración en Puerto Rico, Estados Unidos y República Dominicana. Todos en un mismo sentir, por mi recuperación. Con especial detalle a todos aquellos que han hecho una aportación valiosa en acciones de acompañamiento y apoyo. También a los que compartieron algunas vivencias y han aportado con sus comentarios para este libro. A la Escuela de Autores, dirigida por el Pastor Carlos Aparcedo por las herramientas brindadas a través del "Desafío Semana del Escritor".

A la Rvda. Patria Rivera y su esposo Miguel Ángel Avilés y al Rvdo. Edwin Marrero y su esposa Miriam González. Dos matrimonios pastorales y quienes fueron mis pastores, los cuales para el momento de mi crisis estaban jubilados. Siempre estuvieron al cuidado directo de mí en sus llamadas constantes, en todo el proceso, sus oraciones de intersección diaria, en el consejo oportuno y en las visitas de acompañamiento. Gracias por el cuidado pastoral y la amistad que aún me brindan. También agradezco sus aportaciones con mensajes de esperanza en este libro.

A toda mi familia que ante la noticia, mantuvo la fe y la esperanza, confiados en que el gran Pastor, lo haría una vez más.

Dedico este libro a toda persona que esté atravesando una crisis en su vida. Le pido al Dios Todopoderoso, que te guíe y te acompañe, te brinde su paz, su sabiduría y su fortaleza.

Que el Señor de paz les conceda su paz siempre y en todas las circunstancias. El Señor sea con todos ustedes.

2 Tesalonicenses 3:16

FIDELIDAD

La fidelidad proviene de nuestra confianza y lealtad . Hebreos 11:1 dice: "Ahora bien, la fe es confianza en lo que esperamos y seguridad en lo que no vemos".

COMO CRISTIANO, ES IMPORTANTE SER FIEL A DIOS... UNA COSA ES SIMPLEMENTE CREER EN ÉL, PERO OTRA SERLE FIEL.

LA VIDA TIENE *Desafíos*

ESTOS PUEDEN SER OPORTUNIDADES PARA CREER, CRECER Y SERLE FIEL; O TENTACIONES PARA CAER.

Decisiones que tomar

ESTE ES EL MOMENTO DE PONER TU CONFIANZA EN ÉL Y ESPERAR CON FE; O HACER QUE TUS ANHELOS SE CUMPLAN AUNQUE TU ACCIÓN VAYA EN CONTRA DE LA VOLUNTAD DE DIOS.

Consecuencias

DEJAR QUE DIOS GUÍE TU VIDA; O CAMINAR SOLO EN LA VIDA

HIJO MÍO, NO TE OLVIDES DE MI LEY, Y TU CORAZÓN GUARDE MIS MANDAMIENTOS; PORQUE LARGURA DE DÍAS Y AÑOS DE VIDA Y PAZ TE AUMENTARÁN. PROVERBIOS 3:1-2

Entonces les dijo: Vosotros sois los que os justificáis a vosotros mismos delante de los hombres; mas Dios conoce vuestros corazones; porque lo que los hombres tienen por sublime, delante de Dios es abominación. Lc. 16:15

Cumple siempre sus mandamientos, no te apartes de ellos, espera en él.

Prólogo

¿Por qué el Señor Jesús sana las enfermedades en unas personas y en otras no lo hace? Con toda honestidad debemos responder que no lo sabemos; es un asunto que pertenece a lo secreto de Dios. Cuando no lo hace, como en el caso del Apóstol Pablo, nos anima a seguir la pista en la trayectoria de su vida y encontramos algo sorprendente. Vemos a un hombre lleno de fe y confianza en el obrar inescrutable de nuestro Dios todopoderoso.

La vida y la fe de un no sanado inspira, fortalece y nos hace trascender en esperanza. De igual forma la vida de una persona milagrosamente sanada como lo fue la mujer del flujo de sangre, mencionada en el Evangelio de Marcos o la sanidad que nos ocupa en este libro testimonial.

En las siguientes páginas usted va a conocer la trayectoria, diagnóstico, tratamiento e intervención divina en la vida de Saraí Sánchez González, mejor conocida como Charie.

Dios me dio el privilegio de ser testigo de sus vivencias. Desde el primer momento en que recibió su diagnóstico de cáncer de mama, pude ver en ella la determinación de enfrentar el desafío con armas espirituales. Había llegado a su vida «la hora de la verdad» y la fe que desde niña había profesado ahora debía aplicarla, no a la vida de otros sino a la propia. Siempre vi en ella una fe real, ligada a las palabras del Apóstol Pablo en la epístola a los Romanos, «Ninguno de nosotros vive para sí y ninguno muere para sí. Pues si vivimos para el Señor vivimos; y si morimos para el Señor morimos. Así pues, sea que vivamos, o que muramos, del Señor somos».

Va usted a encontrar también en las siguientes páginas las circunstancias desafiantes que enfrenta todo enfermo en su búsqueda de servicios en las instituciones sanitarias. A su vez, como esto se torna en oportunidades para que la gloria del Señor se manifieste. Todo pasa a ser una carrera de fe, alegrías, decepciones e ilusiones. Se vuelve un trayecto donde no se transita sola sino que encuentra a otros dolidos y desesperanzados quienes necesitan un cirineo que les ayude a llevar su pesada carga de enfermedad. Siendo Charie otra paciente oncológica, otras mujeres encontraron en ella a su cirineo.

Charie, narra de manera muy detallada y con profunda gratitud el apoyo recibido de parte de personas fieles al amor cristiano y a la amistad. Además, ella añade algunas prácticas que le ayudaron a mantenerse de pie en su lucha contra el cáncer. Es el tipo de recomendación que conviene conocer de manera previa a la tormenta.

Finalmente atribuye toda gloria, honor, y honra a nuestro Dios. Charie, reconoce que la sanidad que ha recibido pertenece a la soberanía de Dios y no a ningún mérito personal.

Esto nos invita a concluir con las expresiones del profeta Isaías, «¿Quién enseñó al Espíritu de Jehová, o le aconsejó enseñándole? ¿A quién pidió consejo para ser avisado? ¿Quién le enseñó el camino del juicio, o le enseñó ciencia, o le mostró la senda de la prudencia?» Dios hace como él quiere y en su voluntad otorgó completa sanidad a Saraí Sánchez González (Charie).

Esperamos que le sea de estímulo y fe la lectura de este libro.

Rvda. Patria Rivera
Pastora Jubilada
ICDC en Puerto Rico

INTRODUCCIÓN

Muchas veces las crisis llegan como consecuencia de nuestros actos o decisiones y otras de forma inesperada. Ellas son parte de nuestra vida cotidiana. Siempre enfrentaremos distintas crisis y en muchas ocasiones padeceremos algunas de ellas mientras atravesemos por otras, a lo que muchas personas dicen que: <<llueve sobre mojado>> o que <<no hay mal, que por bien no venga>>.

La realidad es que muchas crisis se pueden convertir en oportunidades en nuestra vida. Ellas producen cambios, nos demuestran de lo que nosotros somos capaces, nos llevan por diferentes caminos que no habíamos considerado, en fin, casi siempre sacan lo mejor de nosotros. Todo depende de la actitud que asumamos.

Por otro lado, también pueden derrumbarnos en la vida y hacer que perdamos el control de nosotros mismos. En ocasiones podemos llegar a tomar decisiones que tal vez no sean las más correctas.

Hoy quiero presentarte un testimonio de mi vida. Les brindo un mensaje de esperanza para cada lector. También algunas estrategias de cómo vivir en la crisis en el antes, durante y después.

Espero que este libro te ayude a salir adelante y que cada estrategia y reflexión sean de inspiración y beneficio para ti, si estás atravesando una crisis o si estás preocupado por la crisis de otro. Que la gracia de Dios te guíe en tus procesos, como también lo hizo conmigo.

Nunca te rindas, pues tu vida tiene un propósito divino y si lo buscas lo encontrarás.

Mantengamos

firme la
esperanza que
profesamos,

PORQUE FIEL ES EL QUE HIZO LA PROMESA.

Hebreos 10:23

PARTE I

MI VIDA

¿Quién soy?

Mi nombre es Saraí Sánchez González, también conocida como Charie. Nací en San Juan, PR. Soy la cuarta hija de una familia bendecida por Dios. Mis padres, el Rvdo. Feliciano Sánchez Vila y la Sra. Andrea González Rodríguez.

Mi padre creció en un barrio de Bayamón junto a sus seis hermanos. Tuvo un encuentro verdadero con el Señor en medio de una gran crisis cuando su único hijo, en ese entonces, tuvo un tumor cerebral a sus 5 años y su diagnóstico médico fue uno de muerte. Dios hizo el milagro. Le concedió un hijo saludable que vivió una vida normal. Mi padre, desde su temprana edad empezó a trabajar para ayudar a su madre, por lo cual cursó solo hasta octavo grado. El Señor le llamó a servir en su obra y fue pastor y fundador de iglesias.

Mi madre creció en el barrio frontón de Ciales, junto a trece hermanos. Fue una mujer trabajadora y muy luchadora, que con la gracia de Dios venció a la muerte en varias ocasiones. Ella sirvió al Señor con verdadera intención.

Mis padres no venían de familia cristiana. Conocieron a Dios después de haberse casado. Juntos procrearon cinco hijos, Félix, a quien Dios le extendió la vida a sus cinco años y quien procreó tres hijas. Falleció a sus 62 años en medio de mi crisis. Fue un músico y adorador al servicio de Dios y de la Iglesia. Vilmarie, a quien Dios le dio seis hijos y Nitza Enid, a quien Dios le dio tres hijos. Ambas son pastoras y siervas de Dios que ministran desde los altares que Dios es real, pues ellas han sobrevivido a varias crisis en las cuales el Señor las ha guardado y le ha extendido su vida. A Nitza el Señor le dio soplo de vida en el 2017, cuando los médicos ya le habían cubierto por completo dándole por muerta. Por último, mi hermano menor pero el más grande. Misael quien es padre de seis hijos. Éste le sirve al Señor con muchos talentos al servicio de Dios y de la congregación. En él, Dios hizo el milagro desde su gestación, pues todos los pronósticos eran de muerte. Recuerdo que mi padre contaba que los médicos le pidieron que firmara, escogiendo a quien ellos debían salvar, si a mi madre o a mi hermano. Mi padre nunca firmó, él decía que eso era asunto de Dios.

Dicen "que al que Dios no le da hijos, le da sobrinos", pues tengo 18 hermosos sobrinos y de los cuales ya tengo 21 sobrinos-nietos. Los encomiendo a Dios en mis oraciones todos los días.

He tenido la bendición de una familia que siempre ha tenido y tiene a Dios en su corazón, como una prioridad en su vida.

Le sirvo a Dios con todo mi corazón y me reafirmo en decir que Él es mi único Dios y Señor y que Él es mi Salvador.

También soy bendecida porque pude lograr tener una educación profesional que me permitió una vida agradable y llena de muchas satisfacciones. No enfatizo mis títulos, ni mis logros, pues para mí eso no es lo primordial en mi vida.

He sido y soy feliz en el caminar de mi vida. He enfrentado muchas crisis (enfermedad, accidentes y 3 balaceras) y en todas ellas he salido victoriosa. Le doy gracias a mi Dios que siempre me guarda, me guía y me dirige.

Desde mi niñez, el Señor me dijo que sería misionera y gracias a la misericordia de Dios he podido servir en el campo misionero dentro y fuera de Puerto Rico. Vivo una vida tranquila. Siempre he estado a la disposición y al servicio de los demás.

Tuve que enfrentar muchas crisis. Entre ellas la pérdida de mis padres y las enfermedades en la familia. Después de estas crisis fui diagnosticada con un cáncer de mama. Estaba en una etapa avanzada y según los médicos sin posibilidades. Enfrentando esta crisis tuve otras que se añadieron a mi diario vivir, pues como dice la palabra: "cada día trae su propio afán". Como todos sabemos, esta es una vida de aflicciones.

Le doy gracias a Dios por la vida y la oportunidad de regalar este testimonio. Este es un mensaje de esperanza, de salvación y de reflexión para muchos.

Dios mío, tú fuiste quien me formó
en el vientre de mi madre.
Tú fuiste quien formó cada parte de mi
cuerpo. Soy una creación maravillosa,
y por eso te doy gracias.
Todo lo que haces es maravilloso,
¡de eso estoy bien seguro!
 Tú viste cuando mi cuerpo fue cobrando
forma en las

profundidades de la

tierra; ¡aún no había

vivido un solo día,

cuando tú ya habías

decidido cuánto

tiempo viviría!
¡Lo habías anotado
en tu libro!

Salmo 139:13-16 (TLA)

*En tu enfermedad,
en tu dolor
o en tu necesidad:*

Confía
Reconcíliate
Intima
Sumérgete
Inspira
Se valiente

*Puestos los ojos en Jesús, el
autor y consumador de la fe, el
cual por el gozo puesto delante
de él sufrió la cruz*
HEBREOS 12:2

*Alégrense por la esperanza segura
que tenemos. Tengan paciencia en
las dificultades y sigan orando.
Romanos 12:12*

MI

TESTIMONIO

Mi Testimonio

> Y Jehová va delante de ti; Él estará contigo, no te dejará, ni te desamparará; no temas ni te intimides.
> Deuteronomio 31:8 (RVR1960)

Por muchos años he trabajado en muchos ministerios y posiciones de la iglesia. Para mí, servir es un privilegio. Es una oportunidad que nos las da el Señor para trabajar en su obra. En ese servicio nos sentimos parte del cuerpo de Cristo.

En agosto del 2018 recibí un mensaje de Dios que me dijo "retírate". Entendí claramente que debía tomar una pausa. En ese momento yo estaba a cargo de varios ministerios de la iglesia.

Les confieso que no entendía bien lo que estaba sucediendo. Sabía que era la voz de Dios y debía obedecer. Así lo hice.

Fue para el mes de octubre de ese mismo año que el Señor me inquietó a empezar a trabajar con mis cosas personales. Entre ellas estaban mi plan médico y mis seguros, los cuales habían caído desde la época del huracán María. Más allá de una inquietud, Dios me fue abriendo puertas para que el proceso fuese el correcto y muy rápido. Obtuve servicios que no solicité sin ningún problema. Dios siempre se glorificó.

Les puedo asegurar que me sorprendí. Suceden y llegan cosas que tú no esperas, pero las recibes con agrado. Al pasar el tiempo, ves que era un plan maestro. Era nuestro Dios quien estaba poniendo cada cosa en su lugar. Él tenía el control y la dirección de lo que iba a suceder en mi vida.

Él Señor puso en orden todo lo necesario para enfrentar el proceso que habría de vivir. Les digo esto ahora, porque en aquel momento no tenía idea de lo que sucedería.

Llegado el mes de enero, yo tenía muchos planes, entre ellos tener un año de muchos viajes. El Señor tenía otra agenda y me fue llevando paso a paso. Comencé haciendo algo que era parte de mi rutina anual. Les confieso que más allá de mi voluntad era su Espíritu Santo dirigiéndome.

Empecé haciéndome todos mis laboratorios y estudios médicos, que anualmente los hacía en el mes de marzo. Decidí hacérmelo entonces en el mes de enero y salir de esos asuntos. Gracias al Señor, todo salió bien. En ese momento en que mi ginecólogo me dice que todo está bien, me pide que me haga la mamografía, ya que no me la había hecho en los años anteriores.

Fue entonces donde comenzó el proceso el 23 de enero del 2019. Cuando me hacen la mamografía, me indican que tengo que visitar un cirujano porque había algo sospechoso.

Les confieso que había paz en mí, ya el resto de mis laboratorios habían salido bien y yo no tenía ningún síntoma. Inclusive el Doctor me había revisado y le parecía que todo estaba bien. Cuando volví al ginecólogo, éste me dijo: "tienes que ver a un cirujano", lo tomé como un proceso sencillo o tal vez rutinario. Les puedo asegurar que Dios estaba en todo el proceso. Fui referida a dos cirujanos. Hice múltiples llamadas tratando de contactar una cita y no logré hacerlo. Decidí ir personalmente.

Cuando fui a la oficina de los cirujanos en el momento en que iba a abrir la puerta de entrada, escuché una voz que me dijo: "NO". Debido a esto inmediatamente seguí hacia mi vehículo. No era la primera vez que escucho esa voz, pues me ha hablado varias ocasiones a mi vida. La describo como una voz que ordena y me hace reaccionar de inmediato. Yo sabía que era la voz de Dios. Aunque seguía sin entender nada, me fui tranquila. No le comenté a nadie lo sucedido.

Como pueden comprender, Dios también tenía los médicos que me iban a atender.

La verdad es que no me preocupé de lo que había sucedido. Para mí no era una urgencia ver al cirujano. Les repito que en mí había mucha paz.

Fue entonces que, durante un evento fúnebre, que se dió en nuestra iglesia, Dios usa unas hermanas para que me orienten. Les confieso que ellas tampoco sabían que eran parte del plan de Dios. Ellas estaban allí con un propósito mayor al que ellas fueron. Ellas se estarán enterando al leer este testimonio que fueron instrumentos de Dios.

Una de ellas, quien es hermana de mi doctor, y sabía que yo estaba en estudios, se acerca a mí y me dice: "Charie, no descuides tu salud, cuídate, mira lo que pasó con nuestra amiga" (persona fallecida). Rápidamente, otra hermana que la escuchó me pregunta: ¿qué pasa contigo? Cuando le dije de los estudios que me habían realizado, inmediatamente y en un acto tal vez maternal, me reclamó porque no le había contado. La realidad es que ella es la esposa de uno de los médicos de nuestra iglesia y una persona muy especial con quien he compartido casi toda mi vida. Ella se fue de allí con mucho sentido de urgencia. Les confieso que mayor al mío. Tres horas más tarde me llamó y me dijo: "pasa por casa porque ya tengo el referido para que mañana sin falta vayas a la oficina del cirujano". Su esposo (el doctor) ya había hecho el referido y hasta había hablado con el cirujano. Me refirió como si fuera una de sus hijas.

Les confieso que yo me había ido a trabajar luego del funeral y que cuando recibí la llamada estaba en una clase. El sentido de urgencia de mi hermana, a la que Dios estaba usando, era tan grande que en medio de la clase pasé por su casa y busqué el referido. Allí recibí el consejo del doctor y me fui.

Al día siguiente, en un intermedio de mi trabajo, pasé por la oficina del cirujano con el referido, esperando que me dieran el día de la cita. Para mi sorpresa me estaban esperando. Cuando la secretaria leyó el referido, me dice: "Por fin, te estaba esperando, el doctor te va a ver hoy y eres la primera paciente". Imagínense mi asombro, pues yo estaba en un intermedio del trabajo. Fue cuando le dije: "Disculpa, yo estoy trabajando, tú me podrías dar una cita para otro día". Me miró y me dijo "NO", él te va a ver hoy ya me llamó y preguntó por este referido.

Les confieso que pasaba algo que yo no lo podría explicar. Me quedé tranquila. Hice inmediatamente arreglos con el trabajo que tenía pendiente y regresé a la hora indicada para ver al doctor.

Cuando el doctor llegó, me hizo inmediatamente un examen físico y leyó el resultado de la mamografía. Tomó el teléfono e hizo la llamada directamente a la doctora que me haría los otros estudios, para saber que era lo sospechoso. Hasta el momento solo sabíamos lo que decía la mamografía, que había algo sospechoso.

Les cuento todo el proceso con tantos detalles porque fue en todos esos detalles que estaba el Señor, como poderoso gigante. Yo no hice nada, solo seguí las instrucciones que me daban. Como ustedes han leído, ni las citas médicas me tocó hacer. Pues cuando traté de ver a los cirujanos a los que me habían referido, nunca logré comunicarme. Cuando fui personalmente, al llegar una voz me dijo "NO" y me hizo retroceder. Cuando creí que podría retrasar la cita para otro día, la secretaria me dijo: "el día es hoy".

Fue entonces ya en el mes de marzo, que me hicieron todos los análisis referidos por el cirujano; resonancia magnética (MRI), sono-mamografía, biopsia, etc. Obtuve el resultado final el 15 de marzo de 2019. Según la patología, había un cáncer bastante avanzado.

Verdaderamente se respiraba un ambiente bien pesimista. Esos eran los diagnósticos médicos. Finalmente, cuando el cirujano vio todo, me explicó y me dijo que tenía que verme el oncólogo inmediatamente. Él mismo lo llamó solicitándole que me viera ese mismo día. La verdad es que se notaba un ambiente de tensión, todo el mundo estaba asustado. Yo estaba muy tranquila; en mí había paz. Fue entonces en ese momento que volví a escuchar la voz médica hablar de urgencia y un pensamiento de muerte invadió mi vida.

Inmediatamente, me conecté en una oración con mi Dios y le dije: "Señor soy tu hija, tú tienes control de mi vida que sea tu voluntad" mientras los doctores hablaban por teléfono.

Ese mismo día me vio el oncólogo. Cuando vió los análisis se quedó en silencio. Su expresión indicaba que no había mucho que hacer. Mi reacción fue inmediata y segura, al ver su expresión le pregunté cuál era el próximo paso. Ese día me acompañaba mi sobrino Carlos.

Al ver mi actitud, me dijo: "la única opción que hay es tomar quimioterapias, para ver si podemos reducir la masa y operar". Me explicó sus posibles consecuencias. No tuve miedo y accedí en ese mismo momento y comenzamos con los trámites y otros estudios que él me solicitaba.

Mientras todo esto ocurría, el 1 de abril el cirujano me somete a sala de operaciones para instalar en mí un "Medi-port" (puerto médico que mediante un proceso quirúrgico se instala debajo de la piel para proteger las venas durante el proceso de las quimioterapias). También seguimos con los demás procesos.

Y es aquí donde vuelve a dejarse sentir con bastante fuerza nuestro Dios. Otra vez, para mi sorpresa, mi plan médico no cubría los estudios que me tenía que hacer y mucho menos las quimioterapias. Para aumentar mi sorpresa, entendí que para la enfermedad del cáncer el dinero es muy necesario pues son estudios y tratamientos sumamente costosos.

No sé si fue mi ignorancia o mi personalidad que me hizo volver al doctor y preguntarle cuál de los tres estudios que me había solicitado, era el que necesitaba. Yo no podía costearlos los tres. Para mí, el diagnóstico ya estaba claro. Yo entendía que más estudios no eran necesarios. Fue entonces cuando el doctor me orientó, dejándome saber que necesitaba el plan de gobierno y que de eso dependería el tratamiento.

La verdad es que salí de su oficina muy pensativa. Cuando me subí en mi vehículo hablé con Dios y le pedí su dirección. La verdad es que pensé que debía rendirme. Por un momento sentí que sería inalcanzable. Yo no sabía ni qué hacer. En ese momento en que hablaba con Dios, Él puso en mi mente una oficina y de inmediato me dirigí hacia ella.

Decidí solicitar el plan de gobierno. Les confieso, que no tenía esperanza de que me lo aprobaran (ustedes saben, la clase media y trabajadora nunca cualifica para esos beneficios). En otras circunstancias, en las cuales llegué a estar hasta sin trabajo, nunca me lo aprobaron.

Fui directamente a una de las oficinas del plan y cuando entré, le expliqué a la persona que me recibió el motivo de mi visita y lo urgente que era. La persona me dijo: "no te podemos atender si no tienes una cita". Al salir mientras caminaba hacia mi vehículo, se me acerca una joven que trabajaba allí, con deseos de servir. Son ángeles que Dios pone en el camino. Me llamó, ella ya había escuchado lo que yo había explicado sobre mi situación. Ella muy amablemente, me orientó y me dió un número de teléfono para que llamara y solicitara la cita con urgencia. Me fui a mi vehículo e hice la llamada desde allí mismo. Me dieron la cita inmediatamente, para el próximo día.

Al día siguiente, me presenté en la oficina con todos los documentos que me solicitaron.

Finalmente, después de un día bien largo y difícil, me fue aprobado el plan médico del gobierno. Estos procesos no son nada fáciles y yo no estoy acostumbrada a este tipo de solicitudes, ni a depender de nadie.

Cuando salí de allí, iba caminando hacia mi vehículo algo desorientada e incómoda. Les confieso que en ese momento me sentía airada y decepcionada. De momento caminando hacia mi vehículo viene una hermana de la iglesia, quien me reconoce y me llama. Tomándome por los hombros y me dice: "Charie, ¿qué te pasa?". Reaccioné y le dije cómo me sentía. Ella fue otro ángel que el Señor llevó en ese momento allí. Me contó una experiencia de su vida, brindándome esperanza y motivándome a no rendirme. Él Señor me mostró nuevamente que no estaba sola y que Él tenía el control de todo.

> El Señor está cerca de quienes le invocan, de quienes le invocan de verdad. Salmo 145:18

Yo no estaba asustada, ni tenía miedo de la muerte ni del diagnóstico. Ciertamente yo tenía paz en mi corazón. Pero satanás estaba ansioso, la noticia para muchos era sorprendente, para otros decepcionante, para otros cuestionable. Hubo quienes cuestionándome me preguntaron: "¿pero tú, no le sirves al Señor?". Otros se negaban a aceptar la noticia.

En verdad, empecé a sentir mucho temor cuando escuchaba las opiniones y experiencias de todo el mundo. Algunas de éstas no eran muy alentadoras. Me pusieron en duda si debía someterme al tratamiento o vivir el tiempo que me quedaba. Algunos me dijeron "date calidad de vida".

La aprobación de ese plan requería de otros procesos para dar comienzo a mi tratamiento. Les digo de todo corazón que solo con la dirección de Dios y su mano poderosa metida en este asunto, recibí las aprobaciones que necesitaba en un tiempo récord. Finalmente, ya se podía dar comienzo a mi tratamiento de quimioterapias.

Para mi primera quimio, yo estaba alegre. Me parecía que iba para mi primer día de clases y llevaba hasta merienda. Me senté a esperar que me llamaran. La sala estaba llena. Empezamos a dialogar y mientras todos hablaban Maribel, mi amiga y hermana en la fe, a quien Dios envió para que me acompañara a todas las quimios, me dice: "dicen aquí que te tienes que tomar treinta minutos antes de la quimio un medicamento, ¿tú te lo tomaste?". Le digo: "la farmacia no me lo ha despachado, pues es una farmacia especializada. Mi sobrino está allá, para ver si finalmente se lo entregan. No te preocupes".

Ella sí se preocupó, y se fue sigilosamente y le dijo a una de las enfermeras que yo no me había tomado el medicamento y las razones. La enfermera le dijo: "no te preocupes que yo se lo voy a dar". Maribel, muy contenta viene a mí y me dice: "le conté a la enfermera lo del medicamento y ella te lo va a dar, así que debes tomártelo". Rápidamente otros pacientes, que nos habían escuchado, dicen que era raro porque por eso te cancelan inmediatamente la quimio, porque eso es un medicamento muy caro y allí no se lo dan a nadie. En ese momento Maribel y

> Los que buscan a Jehová no tendrán falta de ningún bien.
>
> Salmo 34:10b

yo no reaccionamos y nos quedamos en silencio.

Qué más se podía esperar, si era el Capitán, mi Dios que iba dirigiéndolo todo. Quiero decirles que aquel medicamento que consta de tres pastillas tiene un costo aproximado de $700.00.

Ese fue un día largo, fueron alrededor de siete a ocho horas recibiendo cuatro diferentes drogas en mi cuerpo. Les digo la verdad y Maribel es testigo, salí de allí caminando como si no hubiese pasado nada. Me fui a comer y pude conducir hasta mi casa. Maribel me pedía que le permitiera conducir. Le dije que no pues me sentía bien.

Como les mencioné antes que, debido al proceso por todas las cosas que habían sucedido, tuve dudas. Una semana antes de esa primera quimio, oré al Señor. Yo tenía un pequeño grano parecido a un barrito debajo de mi seno derecho. En una de las consultas con la radióloga se lo mencioné, ella con cierta preocupación me dijo: "no te la revientes, porque puede ser una aleatoria, pues entiendo que tienes varias, pero de esas no se hizo biopsia". No le dije nada y me fui algo pensativa. En oración le pedí a Dios, que si ese tratamiento estaba en su voluntad, me diera una señal. Le pedí que esa fuera la primera que se fuera.

Después de esa oración, como unas tres semanas más tarde, olvidándome de ese detalle, aunque era palpable y todos los días la veía y la sentía, comencé mi tratamiento. La verdad es que no me acordaba de la "aleatoria". Dios no permitió que eso fuera una preocupación en mí, en aquel momento.

El día después de esa primera quimio cuando desperté, escuchaba una voz que me decía de forma repetida, "búscala, búscala", pero no entendía lo que era. Me levanté y me metí a la ducha. Cuando me estaba bañando esa voz seguía y de momento a mi mente vino aquella aleatoria y dije para mí: "búscala" y empecé a buscar aquella "aleatoria" y no la sentía. Rápidamente, recordé mi oración y empecé a darle gracias a Dios. Ciertamente, una vez más, Él Señor me dejaba claro que él estaba en el proceso.

> Y sabemos que Dios oye todas nuestras oraciones. 1Juan 5:15

Eran tantas las voces y opiniones diversas, que después de esta señal no le permití a nadie contarme ninguna experiencia. Seguí confiadamente, entendiendo que Dios estaba en todo este asunto. Que en su voluntad y su propósito, Él se glorificaría.

Ninguno de los efectos secundarios que supuestamente me iban a dar, me dieron. Así fueron todos los tratamientos hasta culminar las siete quimioterapias programadas. Mientras estaba en este tratamiento tuve la inquietud de ir al altar del templo a orar, y así lo hice. Fui al templo una noche de un martes. Ese día no había culto, pero en la iglesia estaban realizando algunos trabajos y estaba abierta.

Cuando llegué, un matrimonio de la iglesia se me acercó, me saludaron y me preguntaron qué hacía por allí. Ellos estaban muy conscientes de mi situación de salud. Les comenté mi inquietud de ir al templo a orar, ya que el proceso de mi operación se acercaba. Ellos se miraron y de forma inmediata me preguntaron, si me podían acompañar. No lo pensé. Les contesté: "claro que sí". Esa noche, oramos y al final nos pusimos de acuerdo para volver otro día. Cuando volvimos más hermanos que de alguna manera se enteraron, se unieron a esos momentos de oración. Ellos mantenían una cadena de oración en las mañanas a través del teléfono. Esta son las cosas que Dios hace cuando le servimos. Agradezco a estos mis hermanos, que al igual que otros se mantuvieron en oración e intersección. Les confieso que me sentía amada.

Dios me seguía diciendo: "No te dejaré, ni te desampararé". Esos fueron momentos muy importantes para mí.

> *El justo vivirá por su fe.* *Hebreos 10:38*

Mis visitas al médico, para la evaluación, eran cada tres semanas. Luego de esa primera quimio en mi cuerpo se sintieron cambios. La masa que había en mi seno derecho, que era inoperable por lo grande, se sentía muy poco.

Esperando para entrar a mi segunda quimio, había en la misma sala otra paciente, con un diagnóstico muy similar al mío. Ella estaba bastante nerviosa y angustiada. Su llanto no paraba. Recuerdo que aquella misma enfermera que me proveyó la pastilla la vez anterior, salió y le dijo tranquila, mira te voy a sentar al lado de ella (refiriéndose a mí), porque ella te va a dar mucha paz.

De momento pensé y me dije a mí misma: "yo". La realidad es que estábamos allí por lo mismo. Gracias a Dios yo estaba más confiada y tranquila. Inmediatamente entendí que podía ser parte del propósito de Dios. Fue un momento muy oportuno, aún en la crisis, para exaltar el nombre de nuestro Dios. Así empezó mi misión evangelística. Aproveché esa y todas las oportunidades que tuve para hablar de mi Dios a otros pacientes y familiares que estaban allí.

Después de la segunda quimio, la masa no se sentía. Yo estaba segura de que ya Dios había hecho el milagro. Hablé con el médico, quien palpó y tampoco sentía la masa. Su recomendación fue terminar el tratamiento, pues para él, el tratamiento estaba siendo efectivo.

Acepté su recomendación médica y continué el tratamiento. Realmente esto no eran decisiones que yo estaba tomando. Les digo esto, porque muchos de ustedes se preguntarán, ¿por qué continuar si ya Dios lo hizo? ¿Es que la fe no es suficiente? No, aquella paz que había en mí continuaba. Entendí que Dios me llevó a aquel lugar con un propósito. Todo lo que estaba pasando en mi vida, estaba en el control de Dios. Allí tuve la oportunidad de conocer y hacer nuevas amistades. Algunas de éstas terminaban el proceso y otras al igual que yo comenzábamos. Pude brindarles palabras de fe y esperanza. Realmente yo sentía que no tenía nada que perder y a la misma vez tenía mucho que ganar. Dios ya había cambiado mi lamento en gozo.

Tal vez ustedes piensen que eso es algo raro, pero hay cosas que solo Dios y aquellos que han vivido en el Espíritu de Dios, las pueden explicar. Hay veces que Dios nos pone en distintos lugares, donde él nos lleva para que seamos sus instrumentos. El Señor empezó a abrir esos ojos espirituales en mí. Me explico: a nadie le gusta la enfermedad, de hecho, muchos la llaman "maldita". A mí tampoco me gusta. Pero en mí caminar, en mi vida como hija de Dios, conociendo su palabra; sé que la Biblia nos dice que en el mundo tendremos aflicciones, pero que confiemos pues Dios ha vencido el mundo. Juan 16:33.

Realmente, estamos en la iglesia toda una vida, y nos llamamos cristianos, hijos de Dios. Esto no nos libra de la aflicción. Cuando Jesús dice estas palabras, precisamente le está hablando a sus discípulos, a sus seguidores, en quienes El deja la encomienda de seguir llevando su palabra a todo el mundo.

Las aflicciones, llámese enfermedad, problemas familiares, problemas económicos, falta de trabajo, divorcio, abandono o como se llame, son parte de nuestra vida en esta tierra. Dios no quiere el mal para nosotros. Todos venimos a este mundo con un propósito de Dios. El propósito de Dios tiene que cumplirse y su nombre debe ser glorificado, por eso la masa desapareció. No le resto a la medicina sus atributos. En ella está la sabiduría que Dios le ha dado al hombre. Dios hizo el milagro y lo que no era operable en tres semanas el Señor lo desapareció. ¡A Él sea la gloria! El otro objetivo es hacernos crecer, ya que es en medio de las pruebas y aflicciones que nos fortalecemos y crecemos espiritualmente.

Hoy yo estoy viva y sana, en el nombre de Jesús. El 7 de noviembre de 2019 fui operada, mastectomía radical. Fue una operación larga, pero exitosa. Mi proceso de recuperación tardó casi tres meses. A la hora de operar no había masa en el seno y se extrajo de mi axila derecha un nódulo. La patología salió NEGATIVA. Así que la medicina también confirma el milagro. Les dejo saber que en todas las biopsias que me hicieron antes de la operación, su patología siempre salió positiva y maligna.

Aunque el cirujano de seno ya me había orientado de que podría ser dada de alta el mismo día, debido a lo extenso de la operación, me dejó hospitalizada hasta el otro día. Cuando me fue a visitar entendió que debía quedarme un día más, en lo que yo podía manejar la situación sola. Tenía cuatro drenajes que requerían de ciertos cuidados. En la tarde de ese segundo día, aparece en hospital el cirujano plástico, que tenía otras consultas. Al verme, con algo de asombro me pregunta: "¿tú estás aún hospitalizada?", le contesté que sí y le expliqué. Inmediatamente, él me dice: "entonces, déjame verte de una vez".

Procedió a retirarme el vendaje y al ver el seno derecho se percata que el pezón estaba todo negro, me dice "tenemos que volver a sala". Se retiró unos minutos y consultó con el cirujano de seno y deciden intervenirme nuevamente el próximo día (domingo).

Luego, él vino y me explicó todo lo que habían acordado y se retiró para hacer los trámites con el hospital.

Cuando ya tenía todos los trámites hechos, vuelve a mi habitación y me informa todo. No obstante, se queda unos minutos en silencio muy pensativo y me dice: "Saraí, tú eres una mujer de fe. Vamos a hacer algo, te voy a dar de alta mañana en antibióticos y en diez días te veo en mi oficina. Si ese pezón se mejora, no tengo que sacártelo". Y así fue, al otro día en el cual iba a ser llevada nuevamente a sala de operaciones, fui dada de alta.

Luego de cumplir con el tratamiento indicado, y añadiendo los espacios de oración a mi Señor, fui a visitar al doctor.

Para sorpresa de él, cuando me retira nuevamente los vendajes, me dice con asombro: "funcionó y estás sana", yo contesté con mucha alegría: ¡a Dios sea la gloria!

Este proceso no terminó ahí. En mis visitas de seguimiento, los médicos entendían y me dijeron, que el proceso debía continuar. Debido al alcance de mi cáncer era necesario extender el tratamiento como algo preventivo.

Su recomendación fue que debía tomar unas veintiocho radioterapias y once quimioterapias adicionales. ¿Qué piensan ustedes? El tratamiento preventivo era más agresivo. Aquí volvían a escucharse esas voces que decían: "¿el Señor a ti, no te sanó? ¿Por qué ese tratamiento, si ya estás sana?". Yo sencillamente escuchaba y observaba. Sabía que Dios tenía el control.

Por lo cual fortalecí aún más mi oración. De forma específica le pedí al Señor, que si ese tratamiento estaba en su voluntad, abriera puertas para el mismo, pero que si no era en su voluntad cerrara puertas y no permitiera que el mismo se pudiera dar.

Llegó el mes de febrero de 2020 y finalmente fui dada de alta del proceso de la operación. Comencé a visitar nuevamente a los médicos para continuar el proceso que ellos me habían recomendado. Comencé con el proceso de las radioterapias. Cuando la doctora me evalúa me refiere nuevamente al cirujano plástico.

No obstante, aunque había sido dada de alta, el cirujano me solicitó hacerme una sono-mamografía nuevamente. La razón era, descartar cualquier situación que pudiera haber, ya que el área del seno derecho (específicamente el área del pezón) se sentía dura.

Me hice el estudio. El cirujano nos recomendó volver a sala de operaciones. La razón fue que en mi seno se creó lo que ellos llaman "fat necrosis". Esto es una consecuencia normal de la operación debido a los tejidos muertos que quedan en el área.

Obviamente, este proceso quirúrgico detiene los tratamientos de quimio y radio *(Señor si no es tu voluntad, cierra puertas)*. Se programó esta operación para el 20 de marzo de 2020. Como todos saben llegó el COVID-19 y comenzamos un "lockdown" el 16 de marzo. El proceso operatorio también fue detenido y pospuesto.

Durante todos estos meses, desde noviembre 2019 a julio 2020. Yo le preguntaba al Señor si era su voluntad continuar con estos tratamientos. Yo estaba clara que Él ya había hecho el milagro.

No obstante, yo continué los procesos de cuidado con el "Medi-port". Dentro de este cuidado se requiere darle un "flush" (limpieza) cada cierto tiempo. Realmente le di solo 2 limpiezas al "Medi-port". El 14 de noviembre de 2019, una semana después de la operación y el 28 de enero de 2020. Luego sabrán porque les cuento estas fechas.

Fue entonces el 26 de junio de 2020, que finalmente se realizó la operación de "fat necrosis". Fui dada de alta el 29 de julio. Ese día sucedió algo en particular. Cuando el Doctor terminó, se dirigió hacia la puerta, y ya cuando estaba tocando para abrir la misma, sé viró y me dijo: "Saraí, tú estás sana, ya tú estás limpia, tú no tienes cáncer" y salió. Esto fue un mensaje de Dios para mí.

Yo me vestí y salí. Ya no hay más citas. Ya estaba dada de alta del cirujano y referida a continuar entonces con el tratamiento preventivo (veintiocho radioterapias y once quimioterapias).

Vuelvo a comenzar los trámites para reanudar los tratamientos y ahora retomamos primero las quimios. Para el 14 de agosto fue pautada mi primera quimio del tratamiento preventivo. Aquí me detengo nuevamente. Esta es la tercera vez que trataba de reanudar el tratamiento preventivo (*Señor, si no es tu voluntad, cierra puertas*).

Mi tratamiento estaba en pausa, debido a las complicaciones de la operación. En las dos ocasiones que le di el "flush" al "Medi-port", alrededor de treinta minutos después, yo empezaba a temblar. Era un frío en los huesos que no podía soportar. Empezaba a temblar de forma incontrolable y estaba así por espacio de dos a tres horas. Esta situación se la comuniqué a mi médico primario, quien me recomendó que hablara con el oncólogo porque parecía que podía ser una reacción alérgica a algún medicamento.

Fue entonces, ese mismo día, 9 meses después de la operación, que le comuniqué a la enfermera lo que me había sucedido en las fechas de limpieza del "Medi-port", por lo que decidieron administrarme primero, un Benadryl, obviamente por el "Medi-port", alrededor de quince minutos después de aplicarme ese medicamento, me volvió la reacción.

Ellas entendieron que yo tenía frío, pero no era así. La situación era incontrolable. Entonces me pasan al Doctor, quien nos informa con mucha seguridad que mi "Medi-port" está infectado. Recuerdan las fechas de las limpiezas, el Doctor entendió que ese "Medi-port" estaba infectado desde la operación.

De ahí pasé a sala de emergencias, donde fui admitida inmediatamente, ese mismo viernes. El sábado me visitaron seis médicos. Entre ellos el cirujano, pues para ellos era apremiante sacar el "Medi-port". Al parecer estaba infectado desde noviembre. Era de gran preocupación pues estas infecciones se van a la sangre y pueden afectar el corazón. En su orientación, me informó que en unos días me pondría un nuevo "Medi-port" para continuar el tratamiento. Esto último nunca sucedió. Durante mi hospitalización no volví a ver al cirujano.

El lunes siguiente me hacen un estudio del corazón. Luego me entran a la sala de operaciones y me retiran el "Medi-port"

(Señor, si no es tu voluntad, cierra puertas) y comienza un tratamiento de antibióticos por vena por los próximos 7 días. Finalmente, tuve una hospitalización de 14 días.

Pedí no tener visitas, la realidad es que la situación del Covid-19 era preocupante y no quería exponer a nadie. Lo tomé como un retiro con mi Dios. Yo estaba tranquila. En mí seguía reinando esa paz que solo Dios puede dar. Aunque los médicos se notaron algo preocupados, yo sabía que todo estaba en control, pues mi Dios no me dejaría. Todos mis cultivos salieron negativos. Y el estudio del corazón salió bien, y para sorpresa de los médicos el "Medi-port" no estaba infectado. ¡A Dios sea la gloria! *(Señor, si no es tu voluntad, cierra puertas)*.

Ahora hay que tomar decisiones pues el "Medi-port" me fue retirado y no hay por dónde administrar la quimio. He seguido orando. En su paz, Dios ha traído a mi mente, todo lo sucedido, las palabras del cirujano "estás sana" "no hay cáncer" y mi oración al Señor de que abra o cierre puertas según fuese su voluntad. El que por tres ocasiones no se haya podido retomar el proceso recomendado (les confieso que antes de la operación no tuve ningún problema con las siete quimios que fueron dadas).

Esto me ha puesto a reflexionar y a entender que el milagro de Dios había sido completado. Su propósito ya ha sido cumplido y Él ha tenido y tiene el control. Él cerró las puertas y el tratamiento

> Guarda silencio ante Jehová y espera con paciencia en El. Salmo 37:7

preventivo, nunca se pudo dar. La realidad es que me siento sana.

El milagro es real. Mi Dios es real. También nosotros como buenos mayordomos debemos cuidarnos y más cuando somos advertidos de posibles situaciones o enfermedades. Así que hoy, con más responsabilidad, me mantengo haciéndome los análisis de rutina necesarios.

Recuerden siempre, Dios ha prometido cuidarnos, dejándonos claro que en este mundo tendremos aflicciones. La enfermedad es una de ellas. Lo que no podemos olvidar es que Él también nos ha prometido estar en el proceso con nosotros. El salmista nos dice: "aunque ande en valle de sombra de muerte, no temeré mal alguno, porque tú estarás conmigo".

No soy alguien especial. No me siento merecedora de tanto amor. Aún llevo más enfermedades en mi cuerpo. Hoy y siempre le daré gracias a Dios, a quien le he entregado mi vida, a mi único Dios, Rey y Señor, a quien doy toda la gloria y la honra.

Estoy viva y aquí para contarle al mundo que **Dios es real**. El aún hace milagros, cuida de nosotros, nos dirige y nos guía.

Atrévete a tomar la mejor decisión de tu vida. Ama a Dios. Acéptalo. Lee su Palabra y ora. Te aseguro que, si lo haces su promesa se cumplirá también en ti.

Gracias por tomarte el tiempo de leer mi testimonio. Espero que haya sido eficaz en tu vida. Le pido a Dios en una breve oración:

"Señor, gracias por tu misericordia tan grande y maravillosa que, aunque no somos merecedores de tanto amor, a ti te place bendecirnos. Bendice a cada persona que haya leído este mensaje. Permite que en cada una de las circunstancias de su vida pueda sentir que tú estás y que tu paz le consuele siempre. Que tu propósito se cumpla. Que tu gloria y tu poder sean siempre manifestados. En el nombre de Jesús, Amén"

Quiero decirles que en este testimonio ustedes han visto que yo he tratado de no utilizar los nombres de las personas. No porque no sea agradecida, al contrario, estoy bien agradecida de mis hermanos en la fe, mi familia y mis amigos. Todos de una manera u otra han sido parte importante en este proceso y también instrumentos de Dios. Si no menciono sus nombres es por el temor de que pueda dejar a alguien. De esta manera a todos les doy las gracias.

¿Dónde estaba Dios?

Antes te hablé de mi testimonio y los detalles de todos los sucesos tal y como sucedieron. Quiero compartir contigo, más allá de lo sucedido, las experiencias que viví en lo personal y espiritual. Cómo pude sentir a Dios en mi camino durante estos últimos cinco años.

"Pase de mí esta copa" ... Así dijo Jesús cuando le estaba llegando la hora de su muerte. También el maestro entró en tribulación y en angustia. Sabía que el momento se acercaba y no era fácil. En este momento dice el pasaje de Mateo 26: 36-39 que Jesús se fue al Getsemaní y allí oró al padre diciendo: **"Padre mío si es posible, que pase de mí esta copa, pero no sea como yo quiero, sino como tú quieras".**

Cuando yo visité a la radióloga para que me diera los resultados finales de aquella primera biopsia, antes de llegar a su oficina yo leí aquellos resultados. Estaba claro que había un cáncer y que el panorama no era el mejor. Cuando entré a su oficina ella mostraba mucha preocupación en su rostro. Yo empecé a preguntar y ella me contestó; dejándome saber que la situación era grave. Había que actuar con urgencia, pues el cáncer estaba en una etapa bastante avanzada con muy pocas posibilidades de sobrevivirlo.

Como les había expresado antes, en mí reinaba una paz que para muchos no es normal. La noticia para mí fue algo común. Les digo que no llamé a nadie. Seguí mi día como si fuera algo rutinario.

No obstante, al otro día, cuando visité al cirujano, vuelvo a ver entonces la misma gran preocupación. Después de leer todos los documentos, él empezó a hacer todas las gestiones para que el oncólogo me viera ese mismo día. Volvió a escucharse la palabra "es urgente" Ahí empezaron a temblar mis rodillas y sentí algo de ansiedad. En ese momento, pensé que tal vez la muerte estaba por llegar. Realmente no era miedo a morir. Pensaba en tantas cosas que quería hacer y que aún no las había realizado.

Les digo que hice lo mismo que Jesús, oré al Padre. En aquel mismo momento y en aquella misma oficina en mi mente me conecté en una oración con Dios. Le dije: "Señor soy tu hija, tú tienes control de mi vida que sea tu voluntad".

Ciertamente, comenzaron todos los procesos que ya anteriormente les conté. Durante todos estos procesos yo tuve mi espacio para reflexionar y hablar con Dios. Sucedían muchas cosas que yo no entendía cómo pasaban, pero pasaban y todas ellas en beneficio a mi persona.

Hoy les puedo decir, que ciertamente era la mano de Dios dirigiendo el proceso y cuidando de mí. Les digo esto porque mucha gente me pregunta, "¿cómo te sientes? ¿Ya estás bien?" Realmente les contesto: "estoy sana y mi cáncer fue una bendición".

Yo vi a Dios, desde mucho antes de la crisis, cuando yo no sabía lo que iba a pasar y cuando ni siquiera tenía síntomas de este terrible cáncer. Ya Dios estaba trabajando. Él iba dirigiendo mi caminar y guiándome. Él me llevó a poner en orden todos mis asuntos.

Les afirmo que servir a Dios es lo más hermoso. Antes de la crisis ya Dios tenía las manos metidas en el asunto. En cuanto a mí, Él sabía por dónde me llevaba y fue cuidándome desde el principio. Él sabía lo que habría de pasar.

Claro, hoy yo puedo decirles esto, porque ya lo he vivido. En aquellos momentos yo no entendía muchas cosas de las que en mi vida estaban pasando. Entendía que había una crisis la cual amenazaba mi vida y no tenía ni idea de lo que iba a suceder. Tampoco tenía a mi lado alguien en mi familia que ya hubiera pasado por un proceso similar que tal vez pudiera haber sido de guía en lo que habría de suceder. Pero algo yo tenía claro, y eso era, su promesa. Que, aunque ande en valle de sombra de muerte, no debía temer, pues el estaría conmigo.

En mi relación de día a día con Dios, solo le pedía a Él que me diera la fuerza, la voluntad, sobre todo su guianza y su dirección para yo seguir adelante y para hacer lo que tenía que hacer. Dios lo hizo, les confieso que el *mismo Dios que,* guió al pueblo de Israel, *así también me guió a mí y tengo que afirmar que él siempre llegaba primero.*

1. *Cambió mi agenda (mi diario vivir).*
2. *Me enfocó a trabajar en mis asuntos personales, tales como planes y seguros médicos.*
3. *Escogió a los médicos - te comento que alguien me dijo que tenía la mejor batería de médicos.*
4. *Hizo provisión de los planes alternos y de todo lo necesario,*

para cubrir el tratamiento completo.

5. *Me rodeó de personas y nunca estuve sola. Su promesa cumplida* **"No te dejaré, ni te desampararé".**

6. *Me dió valor y fortaleza para enfrentar la situación con mucha paz y esperanza.*

El Dios que bendijo a Abraham y a Sara con un hijo en circunstancias imposibles, *también hizo posible a lo que los médicos llamaron imposible para mí.*

Cuando el diagnóstico decía que no se podía operar, porque la masa era muy grande y no era operable, Él me dió señales del proceso. Lo que no era operable, en seis meses se pudo operar y ya no existía.

El mismo Dios que dirigió a Noé dándole la sabiduría para construir el Arca y para cuidar de él y su familia, *fue dirigiendo mis pasos y seleccionando médicos,* tratamientos y todo lo necesario para vencer. Me dió sabiduría que yo no tenía.

El mismo Dios que cuidó a José en la vida hasta llevarlo a cumplir su propósito, *es el mismo Dios que fue cuidando de mí en cada circunstancia de mi proceso. Dios me cuidó de los efectos más dañinos de esos tratamientos. Me cuidó en todos esos procesos hospitalarios (cuatro operaciones), dos de ellas en la mayor crisis de la pandemia Covid19.*

El mismo Dios que cambió el rumbo de la vida de Pablo haciendo de él una nueva criatura, *es el mismo Dios, que como gran alfarero ha ido transformando mi vida. Le ha dado un nuevo sentido. Como parte de este proceso tuve que cesar de mis funciones laborales. También de todos aquellos compromisos que dentro y fuera de la iglesia me mantenían sumamente ocupada. Cero afanes.*

El mismo Dios que acompañó a Noemí y a Rut, estableciendo un plan para prosperarlas cuando su mundo alrededor se derrumbó y cuando parecía que todo era el final. *Ese es el mismo Dios que también cuidó de mí y de mis finanzas.* No es fácil perder el ingreso que te sostiene. Ese que paga tus deudas y con el que ya tú estás acostumbrado a vivir. Ya el Señor tenía el presupuesto hecho. Él hizo provisión de una forma tan extraordinaria que no lo puedo explicar. Mi casa nunca se atrasó y mis deudas nunca se atrasaron.

Les cuento algo más, un domingo, al salir del culto, un matrimonio de la iglesia se me acercó y me hizo una gran pregunta: "Charie, ¿solicitaste el seguro social?" Realmente sonreí y les dije "no", este matrimonio con seriedad y con autoridad me dijeron "solicítalo". Yo realmente entendía que no me lo iban a aprobar. No tenía ni la intención de hacerlo. No les dije nada, me despedí y me fui.

Esa misma semana el Señor, por esos caminos misteriosos (y le llamo así porque salí a resolver otro asunto y hacia otro lugar) me llevó a la Oficina del Seguro

Social. Lo más sorprendente no es que yo llegara allí, es que me estaban esperando en la puerta y sin yo decir a lo que iba. Fui recibida, atendida y orientada. La verdad es que fue una experiencia inolvidable. Recuerdo, el turno era A37. Les confieso que la bendición no terminó allí.

El mismo Dios que sostuvo a Daniel con firmeza ante la adversidad y la amenaza de muerte, *es el mismo Dios, que en mi pronóstico me dió fortaleza y todavía hoy me mantiene en pié.* El diagnóstico de cáncer no fue el único, después de este, vinieron otros diagnósticos más de enfermedad para mí. Además, tuve la pérdida de dos familiares cercanos. Para completar, siendo de forma voluntaria parte de un programa de investigación para pacientes de cáncer, en una de las terapias tuve una caída. Como resultado tuve fracturas en tres metatarsos de mi pie izquierdo. Hoy, dos años después, todavía estoy en recuperación.

Han sido más que leones, pero Dios ha sido fiel y más que bueno. Hoy puedo decir como un amigo, hermano y pastor que estoy de pie.

El mismo Dios que tuvo misericordia con David, *aún cuando yo no merecía tanto amor, también su misericordia me alcanzó.*

El mismo Dios de quien salió virtud sanadora para la mujer del flujo de sangre*, de esa misma manera virtud sanadora me alcanzó a mí.* Su alcance es imaginable, inigualable e insuperable.

Finalmente, les digo, ustedes no necesitan una enfermedad o una crisis para buscar a Dios. Necesitan buscar a Dios para que cuando llegue la crisis o la enfermedad, puedan afrontarla con fe, con esperanza y con la dirección de ese gran Pastor. Él te ha prometido que no te dejará ni te desamparará.

"Jesucristo es el mismo ayer, hoy y por los siglos"
Hebreos 13:8

¿Por qué?

Ciertamente, esta es una pregunta que nos hacemos siempre que pasamos o vemos en otros, situaciones difíciles o angustiosas. La realidad es que vivimos en un mundo lleno de aflicciones. Cuando conocemos a Dios y le entregamos nuestro corazón, muchos piensan que vivirán una vida placentera, sin dolor ni tribulación. La realidad es otra. El simple hecho de creer en Dios y entregarle nuestra vida no nos hace inmune a las aflicciones.

Quiero de alguna manera contestar las preguntas que algunos me hicieron al conocer la noticia de mi cáncer. "¿Pero tú no eres cristiana? ¿Y tú no le sirves a Dios?" Alguien me cuestionó, "pero tu padre era pastor y tienes una familia que siempre le ha servido a Dios. No entiendo", (Puedes leer o repasar la parte de este libro, página 23 que explica "Quien Soy" y mi bendecida familia).

Para mucha gente, la noticia era más devastadora de lo que era para mí. Les confieso que, ante estas preguntas, hice silencio. En mi mente le pedía a Dios sabiduría y a la misma vez misericordia para estas personas. Nunca aprendí a cuestionar a Dios. Lo cuestionable para mí era (como en las reglas del baloncesto), una falta ofensiva. Mi defensiva era firme, por eso mi boca no habló y mi mente se conectó en una oración.

Este tema ha sido uno muy amplio. El pecado de Adán nos ha sido imputado a todos. Nacimos en un mundo de pecado, de dolor y de aflicciones. Nuestra vida en esta tierra **es mortal.** Nuestra esperanza es que, como somos pecadores por un hombre, también tenemos la salvación por medio de Jesucristo, quien se hizo hombre y derramó su sangre en la cruz por nuestros pecados.

Cuando aceptamos a Dios como nuestro Salvador, no somos separados de este mundo. Seguimos aquí y empezamos una carrera que tenemos que correr para ganar esa vida eterna, que nos ha sido prometida por nuestro Dios. Jesús vino a regalarnos salvación por su gracia y su amor. Aunque es gratuita, nos cuesta. Es por esa razón que padecemos enfermedades y que tenemos aficiones.

El costo de nuestra salvación no es económico, ni tampoco es por obras. Se trata de vivir una vida en Cristo, en Santidad. Pero ¿lograremos ser santos mientras vivamos aquí? La contestación es, no. Siempre sucederán cosas en las cuales actuaremos por nuestros propios juicios, pensamientos y por los deseos de nuestra carne. Tal vez estos no sean los más correctos.

Cuando aceptamos a Cristo en nuestra vida, Él nos guía por su palabra, y nos dirige en esta vida. La enfermedad y las aflicciones son una consecuencia del mundo en el que vivimos. El salmista nos dice: "Él te cubrirá con sus plumas y bajo sus alas hallarás refugio". Salmo 91:4

Recuerdo una historia que leí de una mujer que se ganaba penosamente la vida con su trabajo, pero cuyo corazón siempre estaba alegre y siempre victorioso. Un día, una amiga melancólica que en el fondo de su corazón le envidiaba y a la vez criticaba el gozo de esta mujer, le dice: "¡Ah mujer! está bien estar alegre y jocosa cuando todo va bien, pero piensa un poco en el futuro. «Suponga» que caes enferma y que no puedes trabajar, ¿para qué entonces tus aleluyas? «Suponga» también que sus amos dejan el país y que no encuentras trabajo" y cuando volvió con otros de sus «suponga», esta mujer le interrumpió y le dijo, "pare amiga y entienda usted que yo no supongo nada. El Señor es mi Pastor y sé perfectamente que nada me faltará. Además, son todos estos supuestos lo que te hacen a ti infeliz. Bien harías con desecharlos y confiar plenamente en el Señor".

No importa cuál sea nuestro presente, no debemos preocuparnos o vivir en angustia por lo que ha de pasar. El que ha creído en Dios, le ha recibido como su Salvador y vive según sus estatutos; puede gozar de ese perfecto amor. Es ese amor de Dios el que echa afuera todo temor.

¿Por qué Dios permite que sucedan estas cosas, aún cuando le servimos?

- Para hacernos crecer y poner a prueba nuestra fe.
- Para detener el afán de vida que llevamos.
- Para demostrarnos la fragilidad de esta vida y llevarnos a una reflexión sobre nuestra comunión espiritual, que nos recuerde que Él es el centro de nuestra vida. Sin Él, ni el dinero, ni los títulos, ni las muchas posesiones, ni la intelectualidad, nos pueden dar la vida que solo Él puede dar.
- Para que todos nosotros podamos ver que dentro de lo imposible Él es el Dios que todo lo hace posible. Él

siempre cumple su promesa y su palabra.

- Para manifestar su gloria y su poder. Porque Él vive y vive en nosotros a través de su Espíritu Santo.

Por esta razón te invito a que, sin importar cual sea tu situación, si le has entregado tu corazón a Dios, cree en su palabra. Si sientes que el temor te vence, busca más en tu intimidad con Dios. Redobla tus momentos de oración y permite que Él te de la paz, la fortaleza y la dirección que necesitas. Solo así estarás en busca de esa vida eterna que todos anhelamos.

Si aún no le has entregado tu vida a Dios, te invito a que te des prisa y tomes una decisión que pueda transformar tu vida.

Acércate a la casa del Señor. Busca ayuda espiritual que pueda proveerte una sana doctrina, en la que puedas crecer y conocer al Creador de tu vida.

Sobre todo, habla con Dios todos los días. Lee su palabra y analiza cada texto que lees. ¿No lo entiendes? Busca otras versiones bíblicas, que te ayuden a tener un mejor entendimiento de su palabra.

Y finalmente te digo y cito: *Números 6: 24-26 NVI*

"El SEÑOR te bendiga y te guarde; el SEÑOR te mire con agrado y te extienda su amor; el SEÑOR te muestre su favor y te conceda la paz".

EL PROPÓSITO **DE DIOS** PARA TU VIDA ES MÁS GRANDE QUE CUALQUIER **SITUACIÓN**

SU PROPÓSITO SE CUMPLIRÁ Y TU AFLICCIÓN SE **DESVANECERÁ**

PARTE II

CRISIS

Y

PROPÓSITO

Crisis

> Por tanto, no tengan miedo, pues
> yo soy su Dios y estoy con ustedes.
> Mi mano victoriosa les dará fuerza
> y ayuda; mi mano victoriosa
> siempre les dará su apoyo.
>
> Isaías 41:10 TLA

Según la Real Academia, la crisis es un cambio profundo y de consecuencias importantes en un proceso o una situación. Considero que hay crisis positivas y negativas.

Cuando se habla de este tema podemos referirnos a cambios que hay que afrontar. Sin duda alguna, los cambios forman parte inherente en nuestro diario vivir. Toda madre lleva en su vientre una vida. Al nacer, la criatura se enfrenta a nuevas situaciones. Así también los padres: Hay que amamantarlos, perder horas de sueño, etc. Es un gran reto que cambia la vida de los padres radicalmente. A medida que van creciendo, los bebés comienzan a valerse por sí mismos en muchas áreas. Todo el proceso requiere grandes desafíos.

Al ir a la Escritura, en Filipenses 4:13 dice: "Todo lo puedo en Cristo que me fortalece". Si el texto se toma literalmente como está escrito, podemos interpretar que toda situación la podemos vencer. Ahora bien, ¿cuántos cristianos mueren de cáncer? ¿cuántas situaciones negativas nos suceden? Hay crisis que no son fáciles. Lo importante es saber enfrentarlas. Yo no podré cambiar las circunstancias, pero por fe, no voy a permitir que éstas me destruyan o me cambien. Las crisis son oportunidades de crecimiento y madurez.

La autora de este libro, Saraí, pasó por un proceso de cáncer no fácil. Mi esposa y este servidor la conocemos hace aproximadamente 20 años. Durante su enfermedad la visitamos al hospital y luego a su casa. Somos testigos de que es una luchadora y esta crisis la superó con mucha fe. Entendiendo que Dios estaba en control absoluto. Anterior a esta experiencia, cuidó a sus padres hasta que éstos partieron con el Señor. Hasta el día de hoy sigue al Señor, siendo una gran colaboradora en los asuntos del Reino. Sus padres fueron organizadores de iglesias. Sin duda, ella vio el modelo de fe, verticalidad y compromiso de éstos. Saraí se educó en la escuela de la fe.

La Palabra de Dios está llena de testimonios de crisis. Adán y Eva las tuvieron, pero Dios los visitó y disciplinó para su bien. Cuando el pueblo de Israel salió de la esclavitud de Egipto, no fue fácil, pero con el tiempo llegaron a la tierra prometida, guiados por Dios a través de diferentes líderes que Él capacitó.

Las experiencias de crisis pueden alentar o desalentar a los que nos rodean o a nosotros mismos. ¡Cuántos hijos sufren como consecuencia de la separación de sus padres, peor aún cuando una de las partes no los procura ni los atienden!

Al hablar de crisis nos referimos a un estado temporal de trastorno, lo cual provoca desorganización. Podemos sentirnos incapaces como familia o individuo, en búsqueda de soluciones que puedan mejorar o resolver la situación.

En los últimos tiempos hemos atravesado varias crisis, a saber: el huracán María, los temblores, la pandemia, entre otras. ¡Cuántas crisis, y aún hay hogares que no se encuentran al 100% de lo que eran! La pandemia provocó que se cerraran templos. Algunas iglesias celebraban sus cultos en el estacionamiento, otras de forma virtual. Había vidas que no dominaban la tecnología para poder conectarse. Las citas médicas, hacer las compras, la educación, los pequeños negocios..., todo se complicó.

Jeremías 33:3 nos regala un gran consejo, por demás alentador, sabio y direccional cuando nos dice: **"Clama a mí y yo te responderé y te enseñaré cosas grandes y ocultas que tú no conoces".**

Debemos entender que en la crisis no estamos solos, si sabemos buscar el apoyo y el consejo en la iglesia, los amigos, vecinos, familiares y profesionales. No debemos pensar que Dios nos ha abandonado, si no reflexionar en lo que tenemos, no meramente en el aspecto económico, más bien en las redes de apoyo que nos rodean. Concentrarnos en la exhortación que nos ofrece la Palabra de Dios en Filipenses 4:8: **"Así que hermanos, todo lo que es verdadero, todo lo honesto, todo lo justo, todo lo puro, todo lo amable, todo lo que es de buen nombre; si hay virtud alguna, si algo digno de alabanza, en esto pensad".**

Realmente, las vidas cuyos recursos personales y comunitarios son escasos, están más propensos a entrar en crisis, a vivir constantemente al borde de ella. Es por ello por lo que es aconsejable valerse de sanas amistades y mantener buenas relaciones con los demás. Como pastor te aseguro, que agarrarnos de la fe en Dios y recurrir en ayuda de todos los medios existentes, nos equipara para enfrentar las crisis. Creo firmemente que la iglesia es el mejor lugar de refugio para conseguir ayuda; esto basado en el salmo 133:3b que **nos** dice: **"porque allí envía Jehová bendición y vida eterna".**

Cuando aparecen las crisis nos frustramos, pues éstas tienden a trastocar nuestros planes y agendas. Nos sentimos ineptos para enfrentar la situación y mucho menos resolverla.

En el libro de Hechos 16:11-40 encontramos un hecho relevante de Pablo y Silas. Son encarcelados y puestos en lo último de la cárcel y con cepos. Allí llegaban las aguas putrefactas de la parte de arriba. ¿Qué hicieron? ¿se pusieron a llorar, a lamentarse? ¡NO! Ellos creían en un Dios Poderoso. El verso 25 dice:

"Pero a medianoche, orando Pablo y Silas cantaban himnos a Dios; y los presos los oían". La historia nos relata que vino un temblor y las puertas de la cárcel quedaron abiertas. El carcelero se asustó, pues sabía que su vida estaba en peligro si los presos se escapaban. Éste intentó quitarse la vida, pero los apóstoles le dijeron que no lo hiciera. Finalmente, el carcelero y su casa se convirtieron. Toda la crisis terminó para él y los apóstoles.

En el momento de compartir esta reflexión, estamos de duelo por la partida de nuestra hija menor. Apenas un año de haber sido diagnosticada, el cáncer le arrebató la vida a sus 47 años. El domingo, 18 de febrero del año en curso partió con el Señor.

Ha sido una gran pérdida, que nos ha causado mucho dolor. Su único hijo, un "niño" de 29 años, (cronológicamente) con el Síndrome de Prader Willie, no logra aceptar ni entender por qué otros niños pueden tener mamá y él no. Para empeorar el cuadro, no podemos verlo ni hablarle, ya que por su discapacidad cognitiva y emocional no reacciona adecuadamente.

Mi familia y yo damos fe que el apoyo de toda una comunidad de fe, de nuestra familia extendida, vecinos y amistades; ha sido de gran fortaleza. Algunas iglesias pospusieron sus cultos para acompañarnos. Aproximadamente 650 personas estuvieron en el culto donde celebramos su vida. Fue una fiesta del Espíritu.

¿Cuál ha sido nuestra decisión? Claro que la extrañamos y aún lloramos, pero estamos de pie por la Gracia y Misericordia del Todopoderoso Dios. Nos afirmamos en la fe y nos hemos empeñado en no rendirnos. El pasado 13 de abril del año en curso nuestra amada hija debió cumplir 48 años.

El testimonio que demos en medio de la crisis puede alentar o desalentar a los que nos rodean. Por eso, debemos seguir el consejo que nos da Pablo en Filipenses 3:14: **"Prosigo a la meta, al premio del supremo llamamiento de Dios en Cristo Jesús"**.

Este apóstol reconoce que en la vida aparecen momentos de crisis, pero él no se va a detener, porque sabe que Dios está de su lado y que mientras haya vida, hemos sido vocacionados por Dios para llevar a cabo su obra redentora, agradándole.

¿Qué me resta decir? No te rindas, ponte de pié y sigue, reconociendo, como mencioné anteriormente, que las crisis son procesos de crecimiento, capacitación y madurez.

Está permitido llorar, quejarse, gritar, si es necesario, pero no está permitido rendirse. Es imposible no caerse, pero no podemos enamorarnos del piso. Podemos entrar a la cueva, pero no debemos hacer de ella nuestra habitación permanente.

Rvdo. Edwin Marrero y Miriam Gonzalez
Pastor Jubilado   Esposa
ICDC en Puerto Rico

Propósito

"No se aflijan por nada, sino preséntenselo todo a Dios en oración; pídanle y denle gracias también. Así Dios les dará su paz, que es más grande de lo que el hombre puede entender; y esta paz cuidará sus corazones y sus pensamientos por medio de Cristo Jesús".

Filipenses 4:6-7 (DHH)

En la vida nada pasa por casualidad. Todo tiene un propósito. A veces se nos hace difícil poder entender los difíciles momentos que atravesamos. Muchas veces estos son nuestras propias crisis o las de otros que están muy cerca de nosotros y que por el amor que nos une nos lleva a cargar una crisis más en nuestra vida.

Cuando son nuestras crisis, somos nosotros los que tenemos que tomar el control y el dominio de muchas decisiones. Es a nosotros, a quienes nos toca reflexionar y hacer los ajustes necesarios para sobrevivirla. Siempre cuidando de aquellos que nos rodean con mucho amor. Siempre debemos estar conscientes de que nuestra crisis puede generar en ellos otra crisis cargada de angustia y sufrimiento.

Aunque le servimos al Señor, Dios permite diferentes crisis en nuestra vida, por muchos propósitos. Nacimos en un mundo de pecado. Dice la palabra que los aires están contaminados por fuerzas malignas que solo buscan destruirnos.

El sufrimiento es una experiencia dentro de la vida cristiana, muy normal, pues de esta forma, también es probada nuestra fe (lea 1Pedro 1:7), que al igual que el oro se purifica en el fuego, nosotros nos fortaleceremos en nuestros sufrimientos.

Dice el Apóstol Pedro (4:12). **"Amados no sorprendáis del fuego de la prueba**

que os ha sobrevenido, como si alguna cosa extraña os aconteciera".

La realidad es que, el sufrimiento produce obediencia y acercamiento a Dios y a su voluntad.

Cuando Dios permite las crisis en sus hijos, Dios está con nosotros en medio de todas nuestras circunstancias. Hay, sin duda, un propósito que se tiene que cumplir. Les digo con toda la certeza bíblica, que es un propósito de bien para tu vida y no de mal. Muchas veces nosotros llamamos crisis a sufrimientos y dolor que cargamos por las situaciones de otros.

Es muy importante saber definir la crisis y el propósito. *De mi crisis les puedo decir,* El cáncer fue una bendición que Dios permitió que llegara a mi vida. No es la consecuencia de un pecado. Tampoco lo pude ver como un castigo de Dios.

Él detuvo mi vida. Para hacerme crecer. También para fortalecer nuestra relación y aumentar mi intimidad con Él. Me dió mejor y mayor conocimiento de su palabra. Me dió visión espiritual y discernimiento para actuar y decidir en muchos asuntos que me rodeaban. Con muchas bendiciones más a mi vida.

Durante mi crisis viví muchas pérdidas, pero el Señor me seguía llevando de su mano. Ninguna de éstas me llevó a rendirme. Pero sí a reflexionar que Él es el Dios de la vida y que sin Él, nada somos. Aunque no entendamos lo que sucede, su propósito se cumplirá.

Yo aprendí a C A M I N A R y a confiar más en Él. Cómo les he contado desde el principio, yo nací dentro de un hogar cristiano. Aunque era hija de pastor y he sido maestra de escuela bíblica, he proclamado la palabra y he llevado a otros a los caminos del Señor; todavía Dios sigue trabajando con mi vida.

Les voy a confesar algo adicional, este es mi tercer diagnóstico de muerte por enfermedad. El primero fue en mi niñez, a los 8 años. El segundo fue en mi juventud a los 27 años. Este en mi adultez, a los 52 años. Aún me falta la vejez. No lo espero ni tampoco me preocupa. Solo me ocuparé de seguir caminando por la senda correcta. Dios siempre será mi guía. Un día a la vez. En Él seguiré confiada y agarrada de su promesa **"Mas yo haré venir sanidad sobre ti, y sanaré tus heridas.** Jeremías 30:17

Hoy estamos viviendo un tiempo bien difícil. Hay muchas voces que confunden. Pensamos que podemos cambiar a Dios. Él es un Dios de amor, nos conoce y nos ama. La gente cree que Él va a entender nuestro pecado y que no seremos juzgados por Él. Dice la Biblia que Dios no puede ser burlado. Él conoce nuestro corazón. Sabe todos nuestros pensamientos y nuestras acciones.

Hay que estudiar su palabra. Hay que intimar con el Señor, en oración con súplica y ruego. Esta es una relación personal.

Hoy les puedo decir, que no importa la situación por la que estés atravesando. Hay que aprender a definirlas. Si tu crisis es generada por el acompañamiento de otra persona. Ora y pide a Dios que te permita ser un instrumento de su paz, tanto para ti como para la persona en crisis. Que puedas ser un facilitador o ayudador en el proceso.

Sí es tu propia crisis, ora y pídele a Dios dirección. Que Él se revele a ti y te guie en su propósito y que te ayude a caminar en su voluntad.

Al final de este libro te regalo un discipulado de la historia de Job. Una crisis en la cual me pude identificar. Gracias a esta historia, que desde niña aprendí.

En mi crecimiento he podido entender que Dios es soberano. Que es justo. Que no, nos dará cargas que no podamos soportar. Que aunque parezca que no está, siempre está. Que no hay que preguntar y si esperar con la confianza de su bondad y su misericordia. Que para vencer, solo debes permanecer en el equipo del vencedor.

CUANDO
NUESTRA
VIDA
FÍSICA
Y
EMOCIONAL
NOS
GOLPEA
NUESTRA
VIDA
ESPIRITUAL
NOS
LEVANTA Y
NOS
RESTAURA

PARTE III

ESTRATEGIAS

"Él es bueno, fortaleza en el día de la angustia; y conoce a los que en él confían." **Nahum 1:7**

Sin crisis, no hay vida

> *Echando toda vuestra ansiedad sobre Él, porque Él tiene cuidado de vosotros.*
> *1Pedro 5:7 (RVR1960)*

Ciertamente Dios es bueno y en la alabanza a Jehová yo me gozo. Yo decidí poner mi confianza en Jehová y me he gozado de sus beneficios. Dios es real. Aunque mi vida dio un giro radical a unos 180 grados, hoy puedo decir que Dios siempre me sostuvo en la palma de su mano. Él fue guiando todos mis pasos, dirigiendo mi camino, llevándome a tomar decisiones correctas, dejándome saber que Él estaba en el asunto. Por eso siempre mantuve el control de mi vida. Quiero decirles que yo soy una persona que vive sola. No tengo hijos, pero el Señor me regaló 4 hermanos de sangre y muchos sobrinos. Mis padres fallecieron.

En el camino de esta crisis, también falleció mi hermano mayor (crisis de pérdida). Aunque la sociedad siempre nos marca como personas solas, yo no estoy sola. El Señor también me bendijo con otros familiares, amigos y muchos hermanos en la fe. ¡Que bendición!

La vida tiene diferentes caminos y nosotros vamos tal vez con metas establecidas, pero en un momento nos cambian el rumbo. En esta situación es cuando empezamos a enfrentar las diferentes crisis, unas de forma sencillas y otras más complicadas. La vida se trata de caminar en cualquier situación, sobreponiéndonos ante toda adversidad que podamos enfrentar y marchar en busca de soluciones.

Nosotros tenemos la oportunidad de tomar nuestros propios estilos de vida. Estos traerán consigo sus beneficios y consecuencias. Habrá muchas cosas inesperadas que van a suceder y que nosotros no podemos controlar y éstas nos arrastraran de una forma u otra a trazar nuevas agendas. También a cambios significativos en nuestra forma de pensar, de actuar y hasta en nuestros gustos y anhelos.

Establecer planes y metas en la vida es algo bueno y necesario. Debemos tener objetivos y metas por las cuales luchar y tratar de alcanzar. La realidad es que muchas veces, en esa lucha por alcanzar lo que nos hemos propuesto, surgen situaciones que nos detienen, nos desaniman, nos desalientan y nos enfrentan a retos para los cuales no nos sentimos preparados y mucho menos los esperábamos.

Esta es la vida. De esto se compone. Sin crisis no hay vida. Aunque la vida te cambie, hay que seguir adelante. Cuando las situaciones se presentan, ese es el momento de crecernos. Tenemos que saber que hay muchas más opciones para continuar. No podemos darnos por vencido y mucho menos rendirnos.

No llegamos a este mundo por casualidad. Nuestra existencia es la voluntad plena de Dios. Él no pondrá carga sobre nosotros que no podamos llevar.

Sabemos que Dios tiene planes de bien y no de mal. No podemos pensar que por esto todo será fácil y como nosotros queremos. No es así.

Dios tiene un propósito especial con cada uno de nosotros. No debemos olvidar que su propósito principal es, darnos salvación y vida eterna.

Algunas crisis que podemos enfrentar

- *La pérdida* ya sea de un ser querido, de trabajo, de relaciones amorosas o familiares, entre otras.
- La pobreza y las crisis financieras. Algunas son la pérdida de valores o riquezas, las herencias, entre otras.
- *La mala noticia de algo inesperado*, como una enfermedad terminal o un

accidente. Tanto en lo personal como en la de un familiar cercano con quien tenemos compromiso o responsabilidad.

- *La soledad,* el rechazo, las crisis existenciales o cuando envejecemos. Un divorcio o quedamos en el abandono porque nunca establecimos familia o fomentamos las buenas relaciones en familia. Este es un problema serio que enfrentan las personas que viven en dependencia.

Todas estas cosas y otras más forman nuestra vida.

Síntomas que podemos experimentar

Hay muchos síntomas que podemos experimentar como parte de una crisis: cansancio, agotamiento, desamparo, tristeza, inseguridad, confusión, ansiedad, angustia, frustración, enojo, rabia, cólera. También síntomas físicos como llanto, sudoración, palpitación, temblor y en ocasiones llevarnos a otras condiciones de salud y enfermedad. Busca ayuda, nunca te encierres, ya que para todas ellas hay tratamientos que te pueden ayudar.

Que impacto podría tener la crisis en tu entorno

A veces cuando estamos en estas crisis o turbulencias de nuestra vida, no nos damos cuenta como esto puede influir de forma positiva o negativa a aquellas personas que nos rodean. Tal vez sin hacerlo de forma intencional estamos afectando a esas personas que más amamos, aquellos amigos y familiares que nos extienden la mano.

La realidad es que estas personas que nos rodean a los que llamamos "cuidadores" se afectan, física y emocionalmente. Por ejemplo, cuando un pariente como un hijo, una esposa, un esposo, el padre o la madre se enferma, lo normal es que queremos estar ahí para brindarle toda nuestra ayuda y nuestro apoyo en este momento de aflicción.

No obstante, cuando estamos conscientes de nuestras circunstancias debemos tener cuidado. Podemos generar cambios significativos en ese cuidador que nos acompaña en el proceso. Estos cambios pueden ser físicos, emocionales, financieros y hasta materiales.

Tener control de nuestros momentos de desesperación, es importante para todos, ya que esto nos puede llevar a otras crisis y/o condiciones tales como:

> la depresión
> enfermedades arteriales
> otros descontroles en nuestro sistema.
> Crisis emocionales y mentales.
> Y a veces a tomar decisiones que no son las más correctas.

Si tú eres un cuidador, debes estar consciente que, aunque es gratificante estar en estos momentos y brindar la ayuda necesaria, también esto puede tornarse en algo estresante. Siempre debes tener ciertos cuidados y saber que también para ti hay ayuda.

Recuerda que la mejor manera de amar y ayudar a otros es amándote y cuidándote a ti mismo primero. De la misma manera en que podrás brindar un mejor servicio, le vas a proyectar a esta persona que estás cuidando, seguridad y confianza.

Una de las cosas por las cuales le doy gracias a Dios, a mi familia, amigos y hermanos en la fe, es porque estuvieron ahí presente durante mi crisis. Me acompañaron, caminaron conmigo y me brindaron el apoyo y la ayuda tanto física, emocional y espiritual.

Y a manera de explicar tal vez más, cómo podemos influir o afectar a nuestro entorno, quiero decirles que muchos de ellos, a los que les he agradecido personalmente, me han expresado como ellos se han sentido en mi proceso. Te regalo alguno de estos comentarios y expresiones como un ejemplo de lo que te he expresado y para tu reflexión.

Testimonios Reales, de mi entorno

Doris Rivera (Grace), *es una amiga, ella siempre estuvo presente y pendiente de mí. Un día cuando salimos de la limpieza del medi port, le pedí que me llevara al banco y ahí vivió junto a mí la experiencia de esa reacción luego de la limpieza, la cual en mi testimonio te conté. Sus palabras son las siguientes:*

Durante la enfermedad de cáncer en el seno por la que pasó mi amiga Charie; Yo fui siempre testigo de cómo Dios obró a su favor. Me impresionó la confianza que ella depositaba en las manos de Dios. Siempre actuó con mucha normalidad. Yo estaba pendiente para apoyarla. Contrario a lo normal era ella quien siempre apoyaba a los demás. Una sola vez la noté triste y decaída luego de uno de esos tratamientos difíciles.

Su actitud me hizo crecer y tener valentía, ella no permitió que los demás perdiéramos la fe y sabía que Dios obraría. Brindaba paz a todos a su alrededor. Le pregunté por el temor a la muerte y me contestó: "si vivo es para Cristo y si muero es para Cristo". Entonces entendí que los hijos de Dios son la luz del mundo. Son modelos para dar guía a los demás.

Edgardo Erazo y Darlene Santiago, hermanos en la Fe, y amigos desde la infancia. Un matrimonio especial que Dios utilizó en los momentos en que yo tenía en mi corazón retirarme a orar. Dios los llevo a la iglesia en el momento correcto, cuando yo pensaba rendirme y no tomar estos espacios de oración. Dios los puso frente a mí para confirmarme su palabra y su promesa de que no me dejaría ni me desampararía.

Sus expresiones a la que ellos llamaron: ***"Una cita de amor con nuestro Abba Padre"***. En la vida del cristiano se presentan desiertos que tenemos que caminar. Desiertos donde Dios nunca nos deja solos, pero crecemos y fortalecemos nuestra fe en Cristo. ¡Que bueno saber en el amor fraternal que, como cuerpo de Cristo, Dios nos invita a reír con los que ríen y a llorar con los que lloran! Sabiendo que, por nuestras experiencias propias, es este amor fraternal qué nos une más cuando pasamos por las mismas.

Es en este valle de sombra y muerte donde aprendemos a conocer que no hay por qué temer. Dios mismo va a nuestro lado. Es ésta mujer que tanto amamos, nuestra amada Charie, a quién la adversidad no ha podido apagar su sonrisa.

Y como algo contagioso, que es estar en su presencia; porque allí hayamos plenitud de gozo y delicias a su diestra. En donde otros hermanos comenzaron a llegar, y algunos de ellos también pasando por sus propios desiertos. Unánimes y juntos decidimos cruzar al otro lado la tierra prometida. En nuestras experiencias, las promesas de Dios son las que nos sostienen y fortalecen.

Y en este amor fraternal, traen consuelo al alma y esperanza. Gracias Señor por brindarnos tan hermosas experiencias porque de esto se trata ser iglesia.

Maribel Vargas, mi gran amiga y hermana en la fe, tal vez al leer este libro, ella se está enterando de que fue parte de una petición contestada de mi Dios. Un domingo en la mañana, le pedí al Señor en oración que hiciera provisión de la persona que me debería acompañar a mis quimioterapias.

Ese mismo domingo, al salir del culto, Maribel se me acercó en el estacionamiento de la Iglesia y me dijo: "No busques a nadie para que te lleve a tus quimioterapias, porque yo te voy a llevar". Y así fue. Maribel fue la persona, que me llevó a todas mis quimioterapias. Y a la que Dios usó en momentos necesarios. Sus expresiones, son las siguientes:

Doy gracias a Dios por el privilegio que tuve al poder estar presente junto a mi hermana Charie en todo este proceso tan inesperado y vital para ella.

Recuerdo que, para la primera quimioterapia, ella aún no tenía un medicamento que era extremadamente crucial para evitar lo fuerte de los efectos secundarios. Yo sin decirle nada, fui al cuarto de la preparación de medicamentos y le comuniqué a la enfermera, que mi hermana no tenía esos medicamentos. En ese momento ella abrió tres gavetas, preparó el medicamento y me dijo que no me preocupara que ella se lo daría.

Regreso a la sala de espera de paciente y familiares. Le comenté que le había dicho a la enfermera y ella sorprendida me miró. Le dije: "yo hablé y te lo van a dar, debes tomártelo".

Rápidamente otros que estaban en la misma sala, dijeron que eso era raro y que eso nunca se había visto que sucediera allí, porque por eso cancelaban la quimio.

Eso significa que Dios, siempre tuvo el control de todos los detalles y cuidado de ella.

Siempre que salíamos de las quimios, íbamos a cenar a distintos sitios. Charie se veía súper bien, incluso ella manejaba el auto.

Siempre vi en ella, una persona que nunca mostró decaimiento ni debilidad. Siempre estuvo muy segura, confiada y firme en su fe a Dios. Siempre la sostuvo y la abrazó en toda esa travesía.

Contar estas experiencias vividas, con mucha certeza, puedo decir que van a ser de ayuda y guía para otras personas que estén atravesando o enfrentando cualquier crisis. Una vez más, vi la mano de Dios, poderosa, misericordiosa y amorosa. Porque Dios es real.

La oración de intercesión

Si alguno de ustedes está triste, póngase a orar. Si está alegre, alabe a Dios con cánticos. Si alguno está enfermo, que llame a los líderes de la iglesia, para que oren por él; entonces ellos le untarán aceite y le pedirán al Señor que lo sane. Si oran con confianza, Dios les responderá y sanará al enfermo, y si ha pecado también lo perdonará.

Santiago 5:13-15 TLA

No se olviden de orar. Y siempre que oren a Dios, dejen que los dirija el Espíritu Santo. Manténganse en estado de alerta, y no se den por vencidos. En sus oraciones, pidan siempre por todos los que forman parte del pueblo de Dios.

Efesios 6:18 TLA

¿Qué hacer cuando llega la crisis?

1. ***Detente y analiza la situación*** – por más difícil que sea. Enfrenta cada situación con esperanza y positivismo. Date la oportunidad de buscar soluciones. Es importante reconocer la crisis y no continuar como si nada pasara. Cuando un problema no se atiende a tiempo luego puede ser peor o mayor.

2. ***Controla tus emociones*** - no permitas que una situación o noticia te destruya y tampoco alimentes pensamientos negativos. Mantén la esperanza. No solo pienses en el problema, piensa en cómo vas a seguir adelante. Piensa como llegaste a esa situación. Lamentarse o desesperarse no resolverá tu problema, ni tu crisis. Puedes llorar, es un sentimiento natural que te ayudará a expresar ese dolor o esas emociones, pero no te quedes ahí.

3. **Busca ayuda** - Comparte tu situación con otros. No te calles ni te encierres. Busca el apoyo de gente que tú sabes que están preparados para escucharte y darte un buen consejo o ayudarte en el problema. Por ejemplo, puedes visitar a tu médico, o a un consejero espiritual. ¡Cuidado! No todo el mundo está preparado para darte un buen consejo. Permite un buen análisis de la situación y date la oportunidad de ver y escuchar otros puntos de vista, que también te puedan ayudar en tu toma de decisiones para salir adelante. Al final la decisión, la tomas tú.

4. **Alimenta tu vida espiritual** - Cuando nuestra vida física y emocional nos golpea, nuestra vida espiritual nos levanta y nos restaura. Para mi este es el paso más importante. Aunque en el momento de la crisis, yo le servía al Señor, no entendía lo que estaba sucediendo ni por qué. Pero si, recordaba la palabra de Dios: *Porque yo conozco los planes que tengo para ustedes —afirma el Señor—, planes de*

bienestar y no de calamidad, a fin de darles un futuro y una esperanza.

Jeremías 29:11 (NVI)

Dios no es un Dios de calamidades, como muchos afirman. Muchas de las crisis que vivimos son la consecuencia de nuestros actos y otras son inesperadas. Sin importar el, ¿Cómo? o el ¿Por qué?, si buscas a Dios, Él te ayudará. Lo hizo con Job, con José, con Jacob y en la biblia encontraras muchos ejemplos de Dios en el acompañamiento de la crisis.

Nuestras crisis tienen un propósito; aunque nosotros no podamos entender. Si pedimos al Padre Celestial, le entregamos nuestra vida y depositamos nuestra confianza en Él, Dios permitirá que suceda lo que es mejor para nosotros.

5. ***¡Sigue adelante! ¡NO TE RINDAS!*** - Probablemente la vida te traerá nuevas y mejores cosas. Dios quiere lo mejor para ti. Tal vez no todas las crisis se resuelven de forma favorable para nosotros. Cuando Dios está, y hemos puesto nuestra confianza en Él,

recibiremos su paz. Es esa paz, la que sobrepasa todo entendimiento.

Rendirte no es una opción ni dejar que el tiempo resuelva las cosas, tampoco. Así como el salmista clamó, Jehová le oyó y lo libró de todas sus angustias. Ese mismo, Dios lo puede hacer contigo y a través del profeta Isaías te dice:

No tengas miedo, porque yo estoy contigo; no te desalientes, porque yo soy tu Dios. Te daré fuerzas y te ayudaré; te sostendré con mi mano derecha victoriosa.

Isaías 41:10 (NTV)

Tipos de crisis y que hacer para superarlas

Hay diferentes tipos de crisis, las cuales nos pueden afectar física, emocional, mentalmente, siendo nuestra toma de decisiones un factor determinante.

A veces nos es fácil decir que Dios nos mandó la crisis, y hasta cuestionamos su amor y preguntamos ¿por qué? La realidad es que Dios permite que haya crisis y situaciones en nuestra vida para hacernos reaccionar ante la forma en la que estamos viviendo. Aumentar nuestra fe y hacernos crecer. Como por ejemplo:

Entramos a una **crisis financiera,** muchas veces porque no fuimos prudente en la manera en que utilizamos los recursos que teníamos o porque empezamos a utilizar, a manera de préstamo, recursos que no teníamos. Vivimos una vida de apariencia, avaricia y mala toma de decisiones.

Soñar o aspirar a tener algo que nos guste, no está mal. Pero para lograrlo, debes trabajarlo de forma honesta y responsable. En Proverbios 13 dice y cito: **[7]Hay quienes pretenden ser ricos, y no tienen nada; Y hay quienes pretenden ser pobres, y tienen muchas riquezas. [8]El rescate de la vida del hombre está en sus riquezas; Pero el pobre no oye censuras. [11]Las riquezas de vanidad disminuirán; Pero el que recoge con mano laboriosa las aumenta.**

¿Cómo sanar de una **crisis financiera?** Evita aparentar en la vida. Trata de limitar tus deudas y saldarlas. Quita de tu mente el pensamiento de que necesitas ser rico y tener dinero para vivir y ser feliz. *En* Mateo 6: 19-21 dice: **"[19] No os hagáis tesoros en la tierra, donde la polilla y el orín corrompen, y donde ladrones minan y hurtan; [20] sino haceos tesoros en el cielo, donde ni la polilla ni el orín corrompen, y donde ladrones no minan ni hurtan. [21] Porque donde esté vuestro**

tesoro, allí estará también vuestro corazón".

Dios, quiere que tu corazón, este puesto en Él. Él es nuestro sustentador.

Así que mi Dios les proveerá de todo lo que necesiten, conforme a las gloriosas riquezas que tiene en Cristo Jesús. Filipenses 4:19

El ahorro es clave para reducir nuestros niveles de endeudamiento y mejorar nuestra solvencia económica. Detalla un presupuesto el cual debes revisar periódicamente. Para esto puedes buscar ayuda profesional.

También hay **crisis mentales**. Sabemos que hay algunas condiciones mentales con las que se pueden nacer o que son y forman parte de una condición atada a nuestro cerebro. ¡Cuidado! Debemos ser compasivos y solidarios con aquellos que luchan contra estas condiciones. Trabajar juntos para promover la salud mental y el bienestar de ellos.

También es cierto, que muchas crisis mentales, son porque vivimos atados a pensamientos de miedo, de temor e inseguridad. Estos nos llevan directo al fracaso y a sufrir momentos de ansiedad y de angustia. Estas crisis también pueden ser la causa de un abuso físico o emocional. Si has pasado o estás pasando por algún abuso, tanto físico como emocional, debes buscar ayuda profesional inmediatamente.

De igual manera, las crisis mentales, pueden ser la consecuencia de ciertas adicciones pecaminosas. Estas nos ciegan y nos limitan ante las oportunidades que nos da la vida. **Lo peor es que nos separan de la protección de Dios.**

Perdemos esa fortaleza que tenemos desde niño que cuando empezamos a caminar nos caemos y sin quejarnos, nos levantamos y seguimos intentándolo hasta que caminamos y corremos.

La mente tiene un poder sobre nuestro cuerpo bien dominante. Esta crisis nos quita la fuerza de luchar por nosotros mismos y de superarnos en la vida.

¿Cómo sanar nuestra mente?

Busca ayuda profesional de ser necesario, evita los pensamientos negativos, sé optimista, no te preocupes en lo que otros piensan de ti. Lucha proponiéndote metas y objetivos en la vida sin miedo a fracasar. No permitas que influencias externas te convenzan de cosas que te podrían dar felicidad por momentos. Éstas al final te llevan a la desgracia. ¡Clama a Dios!, como lo hizo David.

"Oh Dios, examíname, reconoce mi corazón; ponme a prueba, reconoce mis pensamientos; [24] **mira si voy por el camino del mal, y guíame por el camino eterno".** Salmo 139: 23-24

Otras de nuestras **crisis son las emocionales**. Estas vienen como consecuencia de pérdidas de seres queridos, divorcios, rupturas amorosas, divisiones de herencias, la envidia, las apariencias y la avaricia, entre otras.

Estas son las crisis que más nos afectan en la vida. Con ellas podemos llegar a ser mucho más agresivos o por el contrario derrumbarnos. Los sentimientos que éstas pueden producir en nosotros en ese momento de enfrentarlas, siempre nos traerá angustia y desasosiego. Nos puede llevar a hacer cosas de las cuales luego podemos arrepentirnos.

Yo recuerdo que mi madre siempre tenía un dicho y decía: "que para pelear se necesitan dos". Hay momentos que es mejor callar y esperar el momento de la calma para dar el espacio al diálogo.

El diálogo es una herramienta vital y necesaria para resolver toda situación. Huir, dejar pasar el tiempo, sin resolver asuntos pendientes puede complicar más las cosas. Es aquí donde muchas veces crecen nuestras raíces de amargura. Los asuntos pendientes envenenan nuestra alma y nos pueden llevar a otras crisis o enfermedades.

También hay batallas que no debemos pelearlas solo. Debemos buscar la ayuda tanto profesional como espiritual, durante este tipo de crisis. Esto puede llegar a hacer lo más saludable y hacerte salir más rápido de ellas. Teniendo siempre en cuenta que la decisión final la debes de tomar tú, pues al final de la crisis la vida continúa y hay consecuencias que enfrentar.

La verdad es que Dios siempre tiene un plan, y ese es perfecto. Aún cuando hay crisis que nosotros provocamos, cuando tomamos decisiones sin consultar con Dios, si nos volvemos a Él, nos ayudará y hará lo que para nosotros es mejor.

Quizás lo que Dios tiene para ti es muy diferente a lo que tu anhelas, pero cuando dejamos todo en sus manos y esperamos en El, sentiremos su paz. La vida para nosotros será mejor. Así como lo dice en Filipenses 4:17:

"Y la paz de Dios, que sobrepasa todo entendimiento, guardará vuestros corazones y vuestros pensamientos en Cristo Jesús".

Vida, después de la Crisis

Después de superar una crisis es importante tomarte un tiempo de reflexión. Cada crisis nos deja lecciones de vida y muchas de estas las podemos convertir en oportunidades. Por lo cual sin importar cual fue tu crisis, te recomiendo seguir estos pasos:

- **_AGRADECE_** - Si te encomendaste a Dios en tu crisis, agradece su bondad y misericordia. También es bueno que agradezcas a aquellas personas que te apoyaron y estuvieron contigo.
- **_ANALIZA_** - la experiencia vivida te ayudará a mejorar ciertos estilos de vida, para no recaer en una crisis similar a la vivida. Reevalúa tus prioridades y no tengas miedo a los cambios.

- **FORTALECE TUS RELACIONES.**

  Tu relación con Dios - La oportunidad de tener una intimidad día a día con Dios debe ser lo más importante para ti.

  Tus relaciones familiares - valora tu familia brindándole tiempo y calidad de vida. La vida no puede ser solo trabajo. Hay otros elementos importantes y necesarios que también debemos atender a tiempo.

  También, debes alimentar tu vida de cosas nuevas, ya sea con estudios o habilidades que te lleven a establecer nuevas metas y objetivos en tu vida.

- **DISFRUTA** – todo lo que haces. Comparte más con tus seres queridos. Disfruta lo que tienes. Ve en busca de tus sueños. Ahora es el momento.

- **PERDONA** - Para una buena recuperación hay que perdonar y dejar ir. Cuando nos involucramos en conflictos personales o emocionales, considera la posibilidad de perdonar a quienes te hayan hecho daño. También al que haya contribuido a la situación que te llevó a la crisis. El perdón es necesario en tu proceso de sanación. De igual forma te animo a que busques ayuda profesional y espiritual.

- **BENDICE** - compartir tus experiencias y conocimientos con otros, que puedan estar pasando por situaciones similares, puede ser gratificante y edificante tanto para ti como para ellos.

Este es el momento de poner en práctica el fruto del espíritu, que son el amor, el gozo, la paz, la paciencia, la benignidad, la bondad, la felicidad, la mansedumbre y sobre todo, el dominio propio. *¡Cuidado!* *no crezcas demasiado.* Reconoce a Dios, pues de Él es; toda la **GLORIA** y toda la **HONRA**. **¡ALELUYA!**

JESÚS

te dice que si:

Construyes tu vida sobre su palabra y en su voluntad.
1 Corintios 3:11

Recibes a Jesucristo en tu corazón. En un acto de fe.
Hebreos 11:6

Esperas en Él, y confias en sus promesas.
Salmo 37:7

Eres obediente a todos sus mandamientos.
Juan 14:15

Sólo *Porque* aquellos que tienen al Hijo tienen vida.
1 Juan 5:6-12

verás la gloria de Dios
JUAN 11:40

Porque nadie puede poner otro fundamento que el que está puesto, el cual es Jesucristo.

Pero sin fe es imposible agradar a Dios; porque es necesario que el que se acerca a Dios crea que le hay y que es galardonador de los que le buscan.

Guarda silencio ante Jehová y espera en él. Manteniendo firme la esperanza, porque fiel es el que la prometió. Hebreos 10:23

Si me amas, guarda mis mandamientos.

Porque la vida eterna está en su hijo.

Conclusión

La Resiliencia, es esa capacidad que tenemos para adaptarnos y recuperarnos ante las situaciones difíciles, de esos tiempos turbulentos que nos presenta la vida.

Reconozco que el mayor ejemplo de crisis que nos presenta la Biblia es el de Jesús. Que por amor vino a este mundo a sufrir, para darnos vida y salvación. Lamentablemente siendo ésta la mayor historia y el mejor ejemplo a seguir, muchos hoy día la tienen como inalcanzable o imposible de emular.

Dios es soberano. Recuerdo tres historias bíblicas la de Job, Noé y Daniel, entre muchas otras. Tres historias de crisis en las cuales relatan sufrimientos tales como: acusaciones, soledad, rechazo, maltrato, enfermedad, amenaza de muerte, pérdida de riquezas, pérdida de seres queridos, entre muchas otras más que sufrieron, solo por amar a Dios con un corazón sincero. Por ser hombres de bien, porque fueron reconocidos como hombres justos y rectos. Tal vez para muchos, esto no es justicia. Dios en su soberanía permitió grandes crisis en la vida de estos tres hombres y la razón no era por pecado.

En estas tres historias hay muchos detalles en común: 1. Nunca decayó la fe de ninguno de ellos. 2. Enfrentaron cada crisis con valor y sin temor. 3.En su crisis mantuvieron conexión con Dios. 4. Dios los guió. 5. Dios guardó la vida de cada uno de ellos. 6. Aunque ninguno de ellos sabía cuál sería el destino de su crisis fueron perseverantes en su fe hacia Dios. 7. El final de cada historia nos relata, como todos salieron victoriosos.

Dios sigue siendo el mismo. Hoy yo solo puedo reconocer que el mismo Dios que le dio la victoria a cada uno de ellos, también lo hizo conmigo y también lo puede hacer por ti.

Sin duda alguna, todos pasaremos por momentos gratos y momentos no gratos, así es la vida.

Por esta razón, para vivir una vida placentera y poder superar las adversidades que nos llegan, es importante estar preparados, ser fuertes, valientes y tener nuestra armadura bien puesta.

Tu felicidad y tu confianza depende de ti, éstas están atadas a tus decisiones. Solo tú sabes en quién depositas tu confianza. Todos decidimos como vivir la vida, por tal razón, vamos a asumir cada una de las consecuencias.

Yo decidí poner mi confianza en Dios. A ti te toca tomar tu decisión. Su amor es igual para todos los que le buscan. Vuelvo a enfatizar, para todos los que crean en Él, se arrepientan y se alejen de los malos caminos. 2Crónicas 7:14 (NVI) dice; **"si mi pueblo, que lleva mi nombre, se humilla y ora, y me busca y abandona su mala conducta, yo lo escucharé**

desde el cielo, perdonaré su pecado y restauraré su tierra".

Sí, Dios puede tener misericordia con aquellos que no le sirven fielmente. Dios es soberano y Él hace como Él quiere, cuando Él quiere y con quién Él quiere. Esto no quiere decir que Dios tiene preferencia con algunas personas. Dios tiene un propósito especial con cada ser humano.

El Señor puede permitir la crisis para acercarte a Él. Él puede cambiar el rumbo de tu vida. La realidad es que, en estos momentos de crisis, muchos buscan a Dios. Es cuando te dice: *"Mira que estoy a la puerta y llamo. Si alguno oye mi voz y abre la puerta, entraré, cenaré con él, y él conmigo".* Apocalipsis 3:20 (NVI)

Este es un texto muy significativo. Él está a la puerta esperando. La puerta cerrada significa la separación del hombre con Dios. Él te está llamando y te dice que, si oyes su voz y le abres tu corazón, Él entrará a tu vida. Es Dios quien te invita a dar ese paso de fe y de esperanza.

Después de la invitación te promete cenar contigo y tú con Él. En esta frase Dios te promete una relación de intimidad, desea ser tu guía, tu cuidador, tu proveedor, tu sanador y como dice el salmo 23 *tu*

gran

Pastor.

Porque solo junto a Él, podrás salir también vencedor y sentarte junto al Padre. *¡Que así sea!*

NO HE VENIDO A LLAMAR A JUSTOS, SINO A PECADORES

Marcos 2:17 NVI

¡El Señor permanecerá con ustedes mientras ustedes permanezcan con él! Cada vez que lo busquen, lo encontrarán; pero si lo abandonan, él los abandonará a ustedes.

2 Crónicas 15:2 NTV

Dios
te dice:

»¡Mira! Yo estoy a la puerta y llamo. Si oyes mi voz y abres la puerta, yo entraré y cenaremos juntos como amigos.

Apocalipsis 3:20 NTV

PORQUE YO CONOZCO LOS PLANES QUE TENGO PARA USTEDES – AFIRMA EL SEÑOR–, PLANES DE BIENESTAR Y NO DE CALAMIDAD, A FIN DE DARLES UN FUTURO Y UNA ESPERANZA.

Jeremías 29:11 NVI

Yo soy la puerta; los que entren a través de mí serán salvos.

Juan 10:9 NTV

¿Quién es el que me ama?

EL QUE HACE SUYOS MIS MANDAMIENTOS Y LOS OBEDECE

»¡MIRA! YO ESTOY A LA PUERTA Y LLAMO. SI OYES MI VOZ Y ABRES LA PUERTA, YO ENTRARÉ Y CENAREMOS JUNTOS COMO AMIGOS. 21 TODOS LOS QUE SALGAN VENCEDORES SE SENTARÁN CONMIGO EN MI TRONO, TAL COMO YO SALÍ VENCEDOR Y ME SENTÉ CON MI PADRE EN SU TRONO. 22 »TODO EL QUE TENGA OÍDOS PARA OÍR DEBE ESCUCHAR AL ESPÍRITU Y ENTENDER LO QUE ÉL DICE A LAS IGLESIAS».

APOCALIPSIS 3:20-22

...él está a la puerta llamando

Esa la puerta cerrada significa la separación del hombre con Dios. Él te está llamando y te dice que, si oyes su voz y le abres tu corazón, él entrará a tu vida. Es Dios quien te invita a dar ese paso de fe y de esperanza.

...una invitación a cenar

Dios te promete una relación de intimidad, juntos como amigos.

...un pase a la mejor entrada

Y a todo aquel que salga vencedor su promesa es, sentarse junto al Padre como Jesús lo hizo.

Y todo aquel que pueda oír, debe escuchar lo que el Espíritu de Dios le está diciendo.

He aquí yo vengo pronto, y mi galardón conmigo, para recompensar a cada uno según sea su obra.

Apocalipsis 22:12

Explicación de Portada

El que habita al abrigo del Altísimo descansará a la sombra del Todopoderoso. Yo digo al Señor: «Tú eres mi refugio, mi fortaleza, el Dios en quien confío».

Pues a sus ángeles mandará acerca de ti, Que te guarden en todos tus caminos. En las manos te llevarán.

Solo él puede librarte de las trampas del cazador y de mortíferas plagas, pues te cubrirá con sus plumas y bajo sus alas hallarás refugio.

Me invocará, y yo le responderé;
Con él estaré yo en la angustia;
Lo libraré y le glorificaré.
Lo saciaré de larga vida,
Y le mostraré mi salvación.

El Señor me dio esta imagen de portada en una reflexión del Salmo 91. Y el título y subtítulo son representados de forma visual, acompañado de cada texto bíblico.

Un Discipulado

por: *Charie* ♡

"La Biblia nos llama a ser discípulos y a hacer discípulos"

Un mandamiento *nuevo os doy: Que os améis unos a otros; como yo os he amado, que también os améis unos a otros. En esto conocerán todos que sois mis discípulos, si tuviereis amor los unos con los otros.*

Un llamado ... *"Lámpara es a mis pies tu palabra, y lumbrera a mi camino".*

Una Comisión..." *Id por todo el mundo y predicad el evangelio a toda criatura"*

Una Esperanza..." *Pero cuando se conviertan al Señor, el velo se quitará. Porque el Señor es el Espíritu; y donde está el Espíritu del Señor, allí hay libertad".*

El propósito de los discipulados es enseñanza y estudio, desde la perspectiva bíblica. De ninguna manera se pretende sustituir la Santa Biblia.

JOB

Introducción

Es un libro del Antiguo Testamento y se encuentra justamente antes del libro de los Salmos. Está clasificado en la literatura de los libros sapienciales.

Es la historia de un hombre fiel a Dios. El cual fue probado. Después de un gran tiempo de sufrimiento entre las pérdidas y la enfermedad, Dios tuvo misericordia. Restauró su vida y le multiplicó todo lo que había perdido.

Job, era un hombre próspero. Que vivía en la tierra de Uz. Su vida era una de prestigio y posesiones. Era padre de siete hijos varones y tres mujeres. Dios le reconocía como varón perfecto y recto. Temeroso de Dios y apartado del mal.

Sus hijos (varones) hacían fiestas en sus casas. Cada uno en su día (o sea, toda la semana estaban de fiestas e invitaban a sus hermanas a sus fiestas). Y su padre, Job hacia holocaustos y sacrificios por cada uno de ellos porque decía: "quizá habrán pecado mis hijos y habrán blasfemado contra Dios en sus corazones". (Era un sacrificio ofrecido para obtener el perdón de pecados o para ser perdonado del pecado que alguno cometía violando la ley de Dios).

Un resumen de la historia

Un día vinieron a presentarse delante de Jehová los hijos de Dios, entre los cuales vino también Satanás. Jehová, al darse cuenta de que Satanás estaba entre ellos, le pregunta, *¿de dónde vienes?* A lo cual Satanás le contesta: "de rodear la tierra y andar por ella". Y Jehová dijo a Satanás*: ¿No has considerado a mi siervo Job, que no hay otro como él en la tierra, varón perfecto y recto, temeroso de Dios y apartado del mal?* respondiendo Satanás a Jehová, dijo: ¿Acaso teme Job a Dios de balde? ¿No le has cercado alrededor a él y a su casa y a todo lo que tiene? Al trabajo de sus manos has dado bendición; por tanto, sus bienes han aumentado sobre la tierra. Pero extiende ahora tu mano y toca todo lo que *tiene, y verás si no blasfema contra ti en tu misma presencia. Dijo Jehová a Satanás: He aquí, todo lo que tiene está en tu mano; solamente no pongas tu mano sobre él. Y salió Satanás de delante de Jehová.*

Así comienza una vida de aflicción para Job. Satanás, envió la **primera prueba**, y comienzan a llegar las noticias inesperadas a Job. **«¡*Unos bandidos de la región de Sabá nos atacaron y se robaron los animales!* *Nosotros estábamos arando con los bueyes, mientras los burros se alimentaban por allí cerca. De repente,* esos bandidos comenzaron a matar gente,** *y sólo yo pude escapar para darle la noticia»*

Y sin aún este terminar, llegó otro de sus criados, con otras noticias.

«Todos sus hijos estaban celebrando una fiesta en casa de su hijo mayor. de repente, vino un fuerte viento del desierto y derribó la casa. **¡Todos sus hijos murieron aplastados!** ¡Sólo yo pude escapar para darle la noticia!»

En cuanto Job oyó esto, se puso de pie y rompió su ropa en señal de dolor; luego se rasuró la cabeza y se inclinó hasta el suelo para adorar a Dios. Y dijo:

«Nada he traído a este mundo,
y nada me voy a llevar.
¡Bendigo a Dios cuando da!
¡Bendigo a Dios cuando quita!»

Y a pesar de todo lo que le había sucedido, Job no ofendió a Dios ni le echó la culpa. (Job 1:21-22)

Luego de enfrentar con dolor la pérdida de todo su ganado, la muerte de sus criados y la muerte de sus diez hijos. Job dio gracias a Dios.

Otro día vuelven los hijos de Jehová a reunirse delante de Dios. Nuevamente aparece Satanás como un intruso. Jehová le pregunta. ¿De dónde vienes? Y éste le contesta de rodear la tierra y andar por ella.

Y Jehová dijo a Satanás: *¿No has considerado a mi siervo Job, que no hay otro como él en la tierra, varón perfecto y recto, temeroso de Dios y apartado del mal, y que todavía retiene su integridad, aun cuando tú me incitaste contra él para que lo arruinara sin causa?* respondiendo Satanás, dijo a Jehová: Piel por piel, todo lo que el hombre tiene dará por su vida pero extiende ahora tu mano, y toca su hueso y su carne, y verás si no blasfema contra ti en tu misma presencia. Y Jehová dijo a Satanás: He aquí, él está en tu mano; más guarda su vida.

Segunda prueba. Enfermó a Job con una sarna maligna desde la planta del pie hasta la coronilla de la cabeza.

Su condición era tal, que el (v.8) nos dice*: Y tomaba Job un tiesto para rascarse con él, y estaba sentado en medio de ceniza.*

Entonces le dijo su mujer: ¿Aún retienes tu integridad? Maldice a Dios, y muérete. Y él le dijo: Como suele hablar cualquiera de las mujeres fatuas, has hablado. ¿Qué? ¿Recibiremos de Dios el bien, y el mal no lo recibiremos? En todo esto no pecó Job con sus labios. Cap. 2:9-10

La Biblia no nos relata ningún hecho adicional sobre la esposa de Job. Por tal razón, no debemos juzgar su forma de hablar. Por los detalles históricos ocurridos, esta mujer no solamente perdió todas las riquezas que tenían en su forma de vida, sino que también es una madre que perdió 10 hijos. Y que su esposo estaba en una condición de enfermedad terrible.

Entonces relata la historia en el Capítulo 2:11-13 que, tres amigos de Job, luego que oyeron todo este mal que le había sobrevenido, vinieron cada uno de su lugar; porque habían convenido en venir juntos para condolerse de él y para consolarle. Los cuales, alzando los ojos desde lejos, no lo conocieron, y lloraron a gritos; y cada uno de ellos rasgó su manto, y los tres esparcieron polvo sobre sus cabezas hacia el cielo. Así se sentaron con él en tierra por siete días y siete noches, y ninguno le hablaba palabra, porque veían que su dolor era muy grande.

Fue un monólogo de quejas ante sus amigos sentados a su alrededor. La desesperación de Job, un lamento desgarrador. Prefirió la muerte desde su nacimiento, que la vida. Parecía que había perdido la fe pero realmente no fue así. El desconocía por qué le había llegado la desgracia. Éstas son las situaciones inesperadas que nos presenta la vida. Las que no esperamos. Las que nos llevan a reflexionar y muchas veces a preguntarnos por qué. Job, era un ser humano. En su vida física, emocional y espiritual, estaba siendo abatido. Job había tenido cuidado de su adoración a Dios. Pero ahora estaba abrumado por todas estas calamidades. Todas las pruebas que le habían llegado a pesar de su vida recta. De esta manera comenzó el diálogo con tres amigos, que por siete días habían estado postrado en tierra. Callados.

Elifaz (temanita) Hijo de Esaú, mediante Ada. Su origen era en Temán (ciudad de Edom). También era considerado como un importante sabio de Edom. Se entiende que era el de más edad de los tres amigos.

Sus discursos son: 1. Que la razón de la situación de Job era porque había cometido un pecado y debe arrepentirse (cap.4). 2. Acusa a Job, (Cap. 15) de querer ser el más sabio, incluso de estar enojado con Dios. El miedo y el sufrimiento son el premio de los malvados (v,20). Cap. 22 Una acusación aun mayor ahora le dice que su maldad era demasiada y que sus pecados no se podían contar. Y le invita otra vez a arrepentirse y volverse a Dios, como el único remedio para su salvación.

El argumento de Elifaz era correcto. Es una bendición ser disciplinado por Dios cuando hacemos algo malo. Sin embargo su consejo no le aplicaba a Job.

Bildad suhita, Era nieto de Abraham (Gn.25). Hijo de Súah (quien era hijo de Abraham y Queturá). Un profeta de noajismo. Provenía de los desiertos de Arabia.

Éste le reclama a Job, 1. (Cap,8) que su condición de pecado es por sus hijos. El también le insta a volver a Dios, arrepintiéndose de su pecado. 2. Cap.18 el cree que Job no acepta como buenos sus consejos, siguen lastimándole y juzgándole por su supuesto pecado. 3. Cap.25 Reconoce el poder de Dios, pero en un argumento humillante a Job.

Zofar naamatita. Su origen era de Naamá, una ciudad de Arabia. También considerado como un profeta del Noajismo. De los tres amigos, este fue el menos cortés en su forma de hablar.

1. (Cap.11) Este subió más el tono de su voz, llamado a Job "Charlatán" (v.2) Insiste en que el castigo de Dios se lo merecía. Pero también le insta a volver a Dios. 2. Cap.20 ahora es el más insultado. Vuelve a tildar a su amigo Job de ser malvado y hace muchas advertencias de sus consecuencias. 3. Cap. 27:13-23) recalca el castigo de los malvados.

Las repuestas de Job fueron inmediatas a cada uno de los argumentos de sus amigos.

Los Discursos de Job

Job dice a Elifaz que su consejo era como comer una insípida clara de huevo. Era un Consejo imprudente. La realidad es que muchas veces tenemos que ser compasivos con nuestros comentarios ante las situaciones que vemos. En su dolor quería rendirse, ser librado de esta pena y morir. Pero Dios no le concedió su petición. Tenía un plan mayor para él. Realmente a nosotros en nuestras circunstancias nos pasan situaciones similares. Muchas veces lo que queremos es rendirnos y escapar de las cosas cuando se tornan difíciles. Confiar en Dios en los tiempos buenos es fácil. Pero Confiar durante los tiempos difíciles o de prueba nos lleva a nuestros límites. Es aquí donde tenemos que ejercitar nuestra fe.

Jobs sabía que había hecho lo mejor y lo más correcto en su vida. No obstante sabía que hacer todo el bien no constituía el no tener pecados. Nadie ha excepción de Jesucristo ha estado sin pecado. Dice la palabra que pecamos con el pensamiento y con acciones. No obstante. Jehová mismo reconoció que era hombre recto.

Ante los comentarios de Bildad, Job reconoce. que a pesar de su vida recta. Dios estaba determinado a condenarlo. La autocompasión se apoderó de él. Es muy normal Intentar justificar y hasta llegar a rendirse en situaciones largas y desesperantes, que parecen no tener fin. El pecado de la autocompasión es que nos evaluamos a nosotros mismos y a nuestras circunstancias, como si Dios no fuera nuestro Padre misericordioso. En su frustración, Job llegó a la falsa conclusión de que Dios buscaba atraparlo. Las conjeturas erróneas nos llevan a conclusiones erróneas.

Ante su amigo Zofar, quien le tildó de mentiroso. Job le contestó con algo de sarcasmo." Con vosotros morirá la sabiduría". Él continuó diciéndole a sus tres amigos que habían malinterpretado completamente la razón de su sufrimiento.

Una vez concluida esta primera ronda de discusión. Cada uno de los amigos de Job en el mismo orden insistieron en sus argumentos y de nuevo Job replicó a cada uno de ellos. Esta vez, Elifaz fue más rudo, más vehemente y amenazador. Pero la realidad es que no digo nada nuevo.

Se suponía que los amigos de Job debían consolarlo En su dolor. En cambio, lo condenaron por haber propiciado su propio sufrimiento. Job comenzó su réplica a Elifaz al llamarlo a él y a sus amigos: "consoladores molestos".

¿Que nos enseña esto? Cuando queremos dar consuelo a personas que sufren: 1. Nunca debemos hablar solo por hablar. 2. No de sermones para ser amable, mucho menos para demostrar mayor sabiduría, ni superioridad. 3. No acuse, ni critique. 4. Póngase en el lugar de la otra persona. 5. Escuche su dolor y pregunte como usted podría ser de ayuda. 6. Nunca ofrezca aquello en lo que usted no pueda cumplir.

A pesar de que los tres amigos de Job tenían la reputación de ser sabios. Job, no pudo encontrar sabiduría en ninguno de ellos. El Cap. 42 v.7) *Después de haber hablado con Job, Dios se dirigió a Elifaz y le dijo:*

«*Estoy muy enojado contigo y con tus dos amigos. Lo que han dicho ustedes de mí no es verdad; en cambio, es verdad lo que ha dicho Job.* Condenando a estos tres amigos por la descripción falsa que hicieron de Dios.

Al igual que estos tres hombres, hoy muchas personas tienen una visión errada de lo que es la sabiduría. Ellos asumían que porque eran prósperos, sabios y exitosos, Dios debía estar complacido con la forma en la que ellos vivían y pensaban. Sin embargo Job les dijo que estaban en una idea equivocada. Porque los éxitos y la prosperidad terrenal, no es prueba de la fe en Dios. De la misma manera que los problemas y las aflicciones no prueban una infidelidad o una vida de pecaminosidad.

No podemos olvidar que la sabiduría viene de Dios y que no hay mayor sabiduría que la de Dios. Job, estaba culpando a la persona equivocada por su desgracia. Él pensaba que Dios lo estaba tratando como su enemigo. Realmente su enemigo era Satanás. Aunque Dios puede permitir las pruebas en nuestra vida. El mal solo proviene de Satanás.

Pero Job no había perdido ni su fe, ni la esperanza. A pesar de todo el dolor que sufría en su cuerpo. De haber quedado en la ruina, solo y abandonado. Ante el rechazo y las acusaciones de sus amigos. Al leer en el cap.19 v..25 al 27.

Yo sé que mi Redentor vive,
Y al fin se levantará sobre el polvo;
26 Y después de deshecha esta mi piel,
En mi carne he de ver a Dios;
27 Al cual veré por mí mismo,
Y mis ojos lo verán, y no otro,
Aunque mi corazón desfallece dentro de mí.

El seguía fiel a Dios. Esta es una fe espectacular. Él solo esperaba ver a Dios. Esta eran palabra que demostraban al igual que David en el Salmo 16:10 "¡Tú no me dejarás morir ni me abandonarás en el sepulcro, pues soy tu fiel servidor! Era también como un canto de victoria que leemos en Isaías 26:19: "Pero somos tu pueblo, y aunque estemos destruidos, volveremos a vivir. Tú llenarás de vida y alegría a esta nación sin vida".

"En mi carne he de ver a Dios". Con esta expresión, Job hace su mayor demostración de fe. Parecía imposible. Él tenía la confianza de que la justicia de Dios triunfaría y que un milagro ocurriría.

Los debates continuaron, Zofar continúa e insiste el que por la maldad de Job, Dios le había despojado de todo. Aunque lo repetimos que la acusación hacia el Job no era correcta. Si tenemos que decir que las expresiones de Zofar al final de este cap. 20, si son ciertas. La maldad nunca prosperará. La justicia de Dios en algún momento llegará. Por su parte, Job le refuta su expresión de que los malos nunca tendrán riqueza y felicidad. Ya que esto es una premisa incorrecta. En el mundo real los malos sí triunfan, sí tienen riquezas. sí, viven vidas holgadas y buenas. Esa es su vida en esta tierra. sin la esperanza de una vida eterna. Al final cada uno le dará cuenta al Señor. No debemos olvidar que nuestra salvación no será medida por nuestras riquezas, ni por nuestra realización en esta tierra (logros personales). El éxito para Dios está en nuestro corazón y en una vida que agrade a Dios.

En estos últimos discursos Job le dice a sus amigos que no es posible que conozcan todo acerca de Dios, pues la sabiduría no se origina en esta vida ni en la mente humana, sino que viene de Dios. Job defiende su vida recta delante de Dios, él admite que no es perfecto. Pero su conciencia estaba tranquila, La sabiduría era un tema clave porque en ella está el temor a Dios. El temor a Dios está ligado a nuestra reverencia y respeto hacia su grandeza y su poder.

Siempre debemos tener cuidado de nuestras buenas obras y los logros obtenidos. Job sin duda alguna estaba caminando por una línea muy finita que lo podía llevar a elevar su orgullo. (Cap. 29). Debemos tener cuidado de pensar que somos mejores de lo que realmente somos. No es malo recordar los hechos pasados ni las obras realizadas, Pero lo mejor es recordar las bendiciones de Dios para con nosotros al hacernos instrumentos de su obra y para su gloria. También en el cap. 31 el hace una lista de los pecados qué reconoce él no ha cometido.

Job reconoció que depender de las riquezas para la felicidad es idolatría. (cap. 31 v.24). así como Job demostró misericordia hacia los necesitados, debemos ser también nosotros.

En los capítulos, 29, 30 y 31. Podemos observar. A un hombre que reconoce que su vida fue íntegra. Que nunca hizo mal a nadie. Que aunque ha sido juzgado duramente por sus amigos, él siempre ha obrado bien.

Luego de todos estos diálogos, finalmente, un joven llamado **Eliú**, Dice la palabra que éste se encendió en ira contra Job, Por cómo se justificaba a sí mismo y también se encendió en ira contra sus tres amigos porque no hallaban en todos sus parlamentos demostrar lo que decían, aunque habían condenado a Job.

Este joven que como relata la Biblia era en menor edad, planteó un punto de vista diferente en cuanto a la crisis de Job. Él decía que Job no estaba sufriendo debido a un pecado que hubiese cometido. Si no que estaba pecando debido a su sufrimiento. (cap. 34). afirmaba que Dios nunca peca y nunca es injusto.

Él destacó varios puntos importantes entre ellos: El detenernos y escuchar a Dios. La soberanía de Dios. No hay nadie más grande que Dios ni que conozca más que Dios. Y finalmente, concluyó con una gran verdad en que la fe en Dios es mucho más importante que el deseo de Job de una explicación por su sufrimiento. Aunque al final se desvió en su mensaje.

Entonces llega la voz de Dios en esta gran historia. Desde un torbellino. Ciertamente no contestó las preguntas de Job, pero lo confrontó con su realidad. Él es el Dios que desde la creación ha tenido y tiene todo el dominio y poder. Job no tenia los elementos para poder explicar los aspectos de la naturaleza. Todo está bajo el control sólo de Dios.

Dios le hizo muchas preguntas a Job. Con el propósito, no de que Job le respondiera. Si no de que reconociera y se sometiera al poder de Dios y su soberanía.

Ahora vemos en Job un hombre que siempre deseó una oportunidad para hablar con Dios, sobre su sufrimiento. Pero ahora reconoce la grandeza del Todopoderoso. Prefirió permanecer callado.

Un hombre que durante todo el relato de sus amigos había sido Juzgado por su pecado. Ahora se arrepintió, pero no por los pecados que éstos suponían. Su arrepentimiento fue por haber puesto en duda la soberanía y la justicia de Dios.

Al final de esta historia, Dios se dirigió a su amigo Elifaz diciendo: *«Estoy muy enojado contigo y con tus dos amigos. Lo que han dicho ustedes de mí no es verdad; en cambio, es verdad lo que ha dicho Job. Así que ahora acompañen a Job, y quemen en mi honor siete toros y siete carneros, para que yo los perdone. Job me rogará por ustedes, y en atención a sus ruegos no los haré quedar en vergüenza. Pero reconozcan que, a diferencia de Job, lo que han dicho ustedes de mí no es verdad».*

Y cuando ellos fueron y cumplieron con el mandato Jehová aceptó la oración de Job.

Debemos señalar que es muy importante la actitud de Job. que a pesar de que los llamó "consoladores molestos". Job, tuvo compasión de sus amigos y oró. En una oración de intercesión por ellos. No tuvo represalia contra sus amigos. Su forma de actuar demostraba la bondad del carácter de Dios en él. Es un mandato bíblico que oremos por nuestros enemigos.

Y quitó Jehová la aflicción de Job, cuando él hubo orado por sus amigos; y aumentó al doble todas las cosas que habían sido de Job. Tuvo siete hijos y tres hijas. Después de esto vivió Job ciento cuarenta años, y vio a sus hijos, y a los hijos de sus hijos, hasta la cuarta generación. Murió Job viejo y lleno de días.

Enseñanzas:

- La vida tiene más preguntas que respuestas.
- Dios es soberano.

- No podemos poner en duda su justicia.
- El por qué suceden las cosas solo está en la voluntad y el propósito de Dios. Nunca debemos cuestionar por que suceden las cosas.
- Confía en él, con humildad. Pon tus cargas sobre Él y espera en Dios.
- Como hermanos debemos ser solidarios, amándonos los unos a los otros. Fortaleciéndonos en la fe.
- No tenemos autoridad para juzgar la condición de nadie.
- Nunca lo vamos a saber todo. El grande es Dios. Él es el único que conoce toda la verdad de lo qué es y lo que será.
- No importa cuán grande sea nuestra crisis. Dios no pondrá carga que no podamos llevar.
- Siempre debemos interceder por los nuestros al Señor con súplica y ruego.
- Nuestra vida no puede ser un lamento de lo que es ni lo que deseamos que sea, debemos cuidarnos de la autocompasión.
- El buen consejo es el que edifica. Hay veces que hay que callar y simplemente orar. Hay argumentos que por buenos y ciertos que sean, no son necesarios.
- Esta vida siempre va a tener aflicciones, le sirvas o no al Señor. Sus promesas son para aquellos que le sirven.
- No podemos ser sabios en nuestra propia opinión.
- Satanás, es real y anda por los aires para establecer su maldad. Está como león rugiente buscando a quien devorar.

- Rendirte nunca es una opción.
- El principio de la sabiduría es el temor a Dios.
- Las obras realizadas deben tenerse en nuestra vida como un acto de bondad. No puede darle lugar al orgullo.
- Siempre debemos reconocer y pedir perdón por nuestros pecados.
- La vida del creyente no puede estar enfocada en las riquezas de este mundo. Las riquezas de esta vida solo pueden dar alegrías pasajeras.

Y todo por  *Amor*

NACIÓ, VIVIÓ Y CAMINÓ CON HUMILDAD - LUCAS 2:11 MATEO 8:20

NOS PERDONÓ-ROMANOS 5:8

SIEMPRE HIZO EL BIEN HECHOS 10:38

FUE COMPASIVO -MARCOS 6:34

TUVO MISERICORDIA -JUAN 8:10

VENCIÓ LA TENTACIÓN MATEO 4 1-11

ENSEÑO A OTROS -MATEO 5

FUE PACIENTE -2PEDRO 3:9

NO SE DEFENDIÓ MARCOS 15:4-5

NO SE IMPUSO -LUCAS 8:37

FUE RESPETUOSO -JUAN 4

FUE LUZ -MATEO 5:14-16 JUAN 1:7

NOS AMÓ-JUAN 13:34

Vive como Jesucristo

Mis queridos hijos, os escribo estas cosas para que no pequéis. Pero, si alguno peca, tenemos ante el Padre a un intercesor, a Jesucristo, el Justo. Él es el sacrificio por el perdón de nuestros pecados, y no solo por los nuestros, sino por los de todo el mundo. ¿Cómo sabemos si hemos llegado a conocer a Dios? Si obedecemos sus mandamientos. El que afirma: «Lo conozco», pero no obedece sus mandamientos, es un mentiroso y no tiene la verdad. En cambio, el amor de Dios se manifiesta plenamente en la vida del que obedece su palabra. De este modo sabemos que estamos unidos a él: el que afirma que permanece en él debe vivir como él vivió.

1juan 2:1-6

Amigo y hermano que me lees, sé que este libro puede ser de gran bendición para otros, como lo ha sido para mí. Dios es perfecto. Su amor es para todos. Muy cerca de nosotros tenemos gente en crisis, que necesitan un mensaje de esperanza. Solo tú decides qué haces con un libro después de leerlo. Recuerda que el llamado es a EVANGELIZAR a todo el mundo. Llegar a otros con palabras de esperanza y de salvación.

Made in the USA
Columbia, SC
29 July 2024

39444141R00089